Ruth Pfau

Wenn du deine große Liebe triffst

Ruth Pfau

Wenn du deine große Liebe triffst

Das Geheimnis meines Lebens

Mit einem Nachwort
herausgegeben von Rudolf Walter

Herder
Freiburg · Basel · Wien

Umschlagbild: Dr. Hans Kutnewsky

Siebte Auflage

Alle Rechte vorbehalten – Printed in Germany
© Verlag Herder Freiburg im Breisgau 1985
Herstellung: Freiburger Graphische Betriebe 1988
ISBN 3-451-20259-X

Inhalt

Heimkehr 9

Die Begegnung 11
Zusehen ist schwerer – Opel oder Käfer? – Eine die auszog, die Armut zu finden – Der Morgen, der alles entschied – Wie wenn man seine große Liebe trifft – Wie ein Hund auf der Straße – Operation in der Leichenhalle – Stur sein und sich nicht verblüffen lassen – Der große Regen – Versuch, übers Wasser zu gehen – Wenn Wunder geschehen

Der lange Weg 23
Wer den Tunnel hinter sich hat – Unvergeßlich kostbar – Wohin ist Gabi verschwunden? – Welche Tapferkeit – Katastropheneinsatz Leipzig-Hauptbahnhof – Eine Welt bricht zusammen, das Leben geht weiter – Religion war abgelegt – Der Tod und die Liebe – Über die Grenze – Die Fahrradliebe von Maria Laach – Gibt denn keiner Antwort? – Aufgeweckt zur Liebe – So ganz anders – Der Herrgott und die Fastnachtsbälle – Menschwerden – Konversion

Eine Liebe ist verrückt 42
Vertrag mit Sonderklausel – Wie immer es ausgeht – Mein Orden – Ein Jahr in Paris – Gehorsamsproblem oder Fachkonflikt? – Gott spricht auch durch Muslime – Für weniger hätte ich das Leben nicht gelebt – Eine Ausnahme wie Helen – Jeannine und ihre Mädchen –

Schocktherapie – Nachfolge – Lebendiges Wasser – Geopfert in die Vergeblichkeit – Ich habe immer als Frau geglaubt – Der Reiter auf dem weißen Pferd – Seine Nähe

Mehr als eine Krankheit 63
Ich habe noch nie eine Lepra gesehen – Von der Geißel Gottes getroffen – Panischer Schrecken – Eingemauert – In die Wüste verjagt – Hashim – Leben verwandeln – Unsere Strategie – Stammesgesetze – Die Ausweglosigkeit des Mohammed Akram – Blutgeld – Empörende Diskriminierung – Das Bewußtsein ändern – Erfolg in Pluderhosen – Eine Kerze anzünden – In Yagistan – Was einem das Herz zerreißt – Generäle beim Forellenfischen

Meine Jungs 89
Der Schutzengel von Makran – Verstehen ist schöner als Nachplappern – Mustafa und das Motorrad – Nicht nach den Wasserbüffeln laufen – „Gefallen im Heiligen Krieg" – Das neue Leben des Mubarik – Als der Jeep zur Seite rutschte – Die Rückfahrt – Im Namen Gottes, des Allerbarmenden – In der Regel geht es gut – Warum läßt du das zu, Gott? – Ich sehe auch heute keine Alternative

Der Gewerkschaftskonflikt 106
Hintergründe – Der Tote vor dem Fabriktor – Hamid, ein ungewöhnlicher Junge – Zerstörerischer Einfluß – Das Rechte tun – Gesetz der Gewalt – Verlorene Ziele – Verhandlung – Bungalow und Limousine – Der Entlassungsbrief – Eine tiefe Verwundung – Einsicht am Indus

Ein Dritte-Welt-Land aus der Nähe 119
„Deutsche Bäume haben keine Blätter" – Gefangene Volkshelden – Selbstjustiz und Femegerichte – Protest – Beschimpfungen heilen nicht – Die Menschenfalle – Fehlende Institutionen – Grenzen der Außenpolitik – Gulaschkanonen – Mein Ideal leben – Das Scharia-Recht – Der Präsident – Man muß unten anfangen

Unter Muslimen 131
Ein ungewöhnlicher Tag – Jede Religion kann mißbraucht werden – Dialog heißt: sich aussetzen – Gemeinsamkeit finden wir nur, wenn wir uns lieben – Schwierigkeiten – Eine Frage von Verrückten – Die Botschaft vorleben – Aus dem Teufelskreis heraus – Daß etwas wunderbar wird – „Etwas ist mit meinem Herzen passiert" – Dienst oder Morden – Konsequenz der Menschwerdung

Anders leben. 145
Rückkehr nach Deutschland – Soweit reicht die Pflicht eines jeden – Ausblicke – Auf Hilfe angewiesen – Nach den Sternen greifen – Nur unsere Hände

Eine Sprache, die alle verstehen 152
Nachwort von Rudolf Walter

Biographische Daten 158

Heimkehr

Oft frage ich mich selbst, was es eigentlich für mich bedeutet: nach Pakistan zurückzukehren ... Da gibt es wohl keine eindeutige und griffige Antwort. Wie eben alles, was mit „Leben" zu tun hat, mit geschichtlich Gewordenem, mit dem Menschen und seinem unauslotbaren Geheimnis, nicht eindeutig ist.

Eines ist sicher: Zurückkommen nach Pakistan ist wirklich wie eine „Rückkehr": Rückkehr zu dem Platz, an den ich eigentlich gehöre. Ich habe die Richtigkeit jener Entscheidung nie bezweifelt: den Ordenseintritt mit seinem Verzicht auf Ehe und berufliche Karriere, die Entscheidung gegen einen Forschungsauftrag, den Entschluß, nach Karachi zu gehen. In diesem Punkt ist mein Leben tief verankert und sicher und geborgen. Ich glaube – was heißt glaube? – ich weiß, ich stehe an dem Platz, an dem Er mich haben wollte.

Und ein Zweites ist sicher: Ich liebe die Menschen, mit denen ich arbeite: mein Team, „meine Jungs", alle, die sich der Lepraarbeit verschrieben haben. Ich liebe meine Patienten. Sie brauchen mich – und ich sie.

Wenn ich aus dem Flugzeug steige (meistens noch in Wintersachen vermummt) und mich das feuchtheiße Tropenklima von Karachi überfällt und benommen macht, 40° C und 80% Luftfeuchtigkeit, das unbeschreibliche Durcheinander auf dem Flughafen, dieser Kirmesbetrieb – die Lautstärke, in der sich die Unterhaltung abspielt – die Aufdringlichkeit der kleinen Gepäckträger und der Taxifahrer, die sich an einen hängen und etwas verdienen wollen – wenn ich wieder eintauche in dieses lärmende, quirlende Leben, dann weiß ich: ich bin – wo? daheim? – nein: aber doch dort, wo ich sein *möchte*...

Aber da fängt es auch schon an: das Leben des ständigen ohnmächtigen Mit-Leidens, des ewig schlechten Gewissens: wenn ich nicht im Triumph von meiner Gruppe abgeholt würde – ein Minibus voll Panjabi-Mädchen, die sich ums Gepäcktragen reißen – dann könnte der Bub, der als Lastenträger eine Verdienstmöglichkeit zu erhaschen versucht, dann könnte der heute abend stolz seine 10 verdienten Rupien vorzeigen – dann hätte der Taxifahrer wenigstens seine Unkosten verdient – dann – dann –.

Das pulsierende, bunte Leben – flimmernde Sonne und Hitze und Staub – das pausenlose Gehupe im chaotischen Straßenverkehr, flitzende Rikschahs und bedächtige Kamele vor hochbeladenen Lastkarren, buntbemalte Busse, vollgepackt bis zum Dach, auf jedem Trittbrett Menschentrauben.

Aber auch das: endlose Weiten in Baluchistan. Ein einsamer Ziegenhirt ist ein Ereignis. Der Kamelreiter am Horizont wirkt wie ein Turm vor dem endlosen Nichts.

Und schweigend majestätisch unnahbare Schönheit der schimmernden Gletscher, Vollmondnacht im Himalaja –.

Und dann die Mütter, die klaglos mit dem Leid zu leben gelernt haben; Kinder, die noch im Schlamm der Elendsviertel zu jauchzen wissen; und unsere Kranken: Paul, der mit seinen zwei Armstümpfen und einem Filzstift fanfarenhaft bunte Blumen aufs Papier zaubert; Ahmad, der auf seinen verkrüppelten Füßen noch jeden Morgen zum Arbeitsplatz hinkt – –.

Ich liebe Pakistan –.

Ich liebe es mit blutendem Herzen. In ohnmächtigem Leid, in heißblütigem Ärger, wenn mir die soziale Ungerechtigkeit, der Mangel an Betroffenheit wieder einmal in die Augen springt –.

Alles in allem, als Summe unter dem Strich: Auch wenn ich im tiefsten fremd bin und immer fremd bleiben werde – aber ist diese tiefste Fremdheit nicht unser aller Schicksal? – bleibt doch auch in der tiefsten Zuneigung immer dieser Rest. Vielleicht ist „Rückkehr" für mich doch eine Art „heimkommen", weil diese Welt in langen Jahren meine Welt geworden ist ...

Die Begegnung

Zusehen ist schwerer

Eigentlich wollte ich nicht nach Pakistan. Der Orden hatte mich gebeten, nach Indien zu gehen. Ich hatte zugestimmt. Das Visum verzögerte sich: 10, 12, ja 18 Monate. Dann ergab sich die Möglichkeit, vielleicht über Pakistan doch das ersehnte Ziel zu erreichen. Gleichzeitig hatte auch Pakistan eine Ärztin angefordert. So flog ich ab.

Daß ich damals überhaupt ins Ausland ging, hing sicher auch mit der Situation in Deutschland zusammen. Das Wirtschaftswunder lag in der Luft. Aber es war noch nicht ausgebrochen. Gegen mehr Wohlstand und Normalisierung hätte ich nichts gehabt. Damals gab es aber schon die ersten Misereor-Informationen über die Dritte Welt. Ich erfuhr, wie die Ungleichheit wuchs. Der Gedanke, daß es Völker gab, für die die Nachkriegszeit mit ihrem Hunger, mit der Obdachlosigkeit, ihren kalten Nächten nicht schreckliche Durchgangsphase war, sondern Dauerzustand, Armut ohne Entrinnen, das entsetzte mich. Ich wollte hin. Und wenn ich es nicht ändern könnte, so wollte ich es wenigstens teilen. Nichts zu tun, das schien mir unerträglich.

Es gibt ein Buch: „Gehenna". Das habe ich als Kind gelesen. Wer es geschrieben hat, weiß ich nicht. Auch seinen Inhalt habe ich als Zwölfjährige nicht verstanden. Meine Eltern hatten mir die Lektüre verboten. Der Schluß aber ist mir unvergeßlich eingeprägt. Es ging um ein Gefangenenlager. Einer aus der Wachmannschaft hatte die Qualen der Häftlinge nicht länger ansehen können. Eines Tages war er verschwunden. Monate später wurde sein Kamerad ins Lager kommandiert, einen Sterbenden abzukarren. Entsetzt erkannte er in dem abgemagerten Skelett seinen Freund. Der sagte ihm, sinngemäß: „Es ist viel schwerer, danebenzustehen und zuzusehen als dabeizusein und mitzuleiden."

Opel oder Käfer?

Ich konnte die Deutschen damals nicht verstehen. Es war die Zeit, als sie glaubten, alles nachholen zu müssen, was sie entbehrt hatten. Die Zeit der Freßwelle, als man in sich hineinstopfte, was es vorher nicht gab. Für Nachholbedürfnis hatte ich Verständnis. Nicht aber für diese Übertreibung. Ein Kind, dem man ein angelutschtes Bonbon aus dem Mund nimmt, wird natürlich greinen und versuchen, ein anderes zu bekommen. Aber wenn jemand mehrere gelutscht hat, warum muß er sich dann unbedingt den Magen verderben? Damals herrschte offensichtlich dieses Bedürfnis, sich den Magen zu verderben. Dieser Nachholdrang war mir zu selbstbezogen, zu egoistisch. Zudem verstand ich nicht, welches Vergnügen im Völlegefühl liegen sollte.

Ich erinnere mich. Wir saßen im Ärztekasino, ich hatte gerade meinen Führerschein gemacht. Wir unterhielten uns, welche Kiste wir kaufen würden. Den Käfer? Orangefarben oder taubengrau? Oder doch besser einen Opel? Plötzlich dachte ich: Wenn *das* der Sinn des Lebens ist. Verdienen. Auto kaufen. Verdienen. Auto wechseln ... Am Abend rief ich meine Provinzialin an: Ich wolle raus. Bald, möglichst sofort. Nach Asien – wo man am Tag von einer Handvoll Reis lebt.

Eine die auszog, die Armut zu finden

Und so war ich jetzt nach langer, zermürbender Wartezeit unterwegs. Auf der Flucht. Vor der Konsumspirale, die mich langweilte. Vor der Sinnlosigkeit, die mir unerträglich war. Unterwegs nach Pakistan.

Nie werde ich jene erste Ankunft in Karachi vergessen. Ich war vorher noch nie geflogen. Welch ein herrliches und abenteuerliches Gefühl an jenem strahlendblauen Märzmorgen, als wir von Paris-Orly abhoben. Mit einem Aufenthalt in Rom, nach einem traumhaften Flug. Ich hätte ihn vor lauter Glückseligkeit beinahe nicht lebend überstanden. Die Lorbeerbäume blühten und die ersten Rosen. Ich schwelgte in Gold und Herrlichkeit und in der strengen Schönheit des antiken Rom.

Dann der endgültige Abschied von Europa. Ich bin weggefahren mit dem Entschluß, nie wiederzukehren, mich völlig zu „indisieren". Eine, die auszog, die Armut zu finden. Und ich erinnere mich noch an die große Enttäuschung, als man die erste Mahlzeit im Flugzeug servierte: ein üppiges Menü in vielen Gängen. Dann Zwischenlandung in Teheran, nach einem stürmischen Flug, in einer dieser kleinen Maschinen. Es wurde ein Flug nach Frankfurt aufgerufen. Ich wünschte mir nichts sehnlicher, als mitfliegen zu können. Dann zwischen Teheran und Karachi nur Wüste. Stundenlang nur Wüste: eintönig grau, unwirklich und phantastisch. Schattierungen und Formationen wie der Marmor in St. Peter. Manchmal eine Oase. Allerdings anders als die Oasen meiner Kindheitsträume. Ein paar staubige Lehmhütten unter wenigen schäbigen Kokospalmen. Sonst Öde, Einöde, Verlassenheit. Nach stundenlangem, wirklich stundenlangem Wüstenflug dann plötzlich die Ankündigung durch das Bordmikrophon: „In ein paar Minuten werden wir in Karachi landen. Bitte anschnallen. Die Zigaretten löschen." Unten ein paar Baracken im grauen Wüstensand. Ein paar kahle Hügel, am Horizont das Meer.

Da überfiel es mich in plötzlichem Entsetzen: In welchem Anflug geistiger Umnachtung hatte ich mich freiwillig in diese verlassene Einöde gemeldet. Es war März damals und sehr heiß in Karachi, als ich im Wintermantel ausstieg. Ich war ziemlich flugkrank und hatte, bis die Messe in unserer Kommunität um 6.00 Uhr war, gut und gerne seit 24 Stunden nichts mehr im Magen. Nicht einmal einen Tee erhielt ich. Man durfte damals ja nichts essen, wenn man zur Kommunion ging. Das Zimmer, das mir zugewiesen wurde, besaß nur eine halbe Wand. Auf der anderen Seite wohnten die Mädchen. Das Radio dröhnte in einer solchen Lautstärke, daß ich mit meinem Koffer auszog. Sicher war ich nicht nur total übermüdet, ich hatte bestimmt auch niedrigen Blutzucker. Ich dachte: So sollte man einen jungen Menschen in einem fremden Land nicht empfangen. Und: Hier bleibe ich nicht.

Der Morgen, der alles entschied

Mein erster Eindruck von der Kommunität war: Morgens wurde unterrichtet. Nachmittags wusch und bügelte man seine Kleider. Es dauerte etwa drei Wochen, bis ich mich auf Englisch verständlich machen konnte. Dann ging ich mit Berenice, einer mexikanischen Mitschwester, die Französisch sprach und Apothekerin war, in die Slums. Mit ihr verstand ich mich sofort. Berenice leitete vormittags einen Kindergarten für die Oberschicht. Davon lebte die Kommunität weitgehend. Nachmittags war sie in diesem Aussätzigencamp. Sie nahm mich eines Morgens mit. Es war der Morgen, der alles entschieden, der alles verändert hat. Das Lager in der McLeod Road, in das sie mich nach Wochen zum erstenmal mitnahm, war eine illegale Ansammlung von Elendshütten. Eines der verrufensten Viertel der Hafenstadt Karachi. In der Nähe des Hauptbahnhofs, in unmittelbarer Nachbarschaft einer der modernsten und verkehrsreichsten Straßen Karachis. Hier vegetierten die Ärmsten der Armen, die aussätzigen Bettler. In Hütten aus alten Pappkartons, Bambusstöcke mit darübergehängten Säkken. Manche aus ein paar verschlissenen Bambusmatten zusammengebaut. Aber auch die hielten den Regen nicht ab. Und dahinter dieses Elend. Dieses klag- und hoffnungslose

Elend: gefühllose Glieder, die nachts die Ratten anfraßen. Schmutz und Ungeziefer. Haschisch. Schlägereien. Etwa 150 Leprapatienten lebten hier, in unvorstellbarem Schmutz. Unvorstellbar, wirklich. Selbst unter den Bedingungen von Karachi, wo rund 80 Prozent aller Leute in menschenunwürdigen Verhältnissen leben. Man stelle sich vor: mitten in der Stadt, aber in einer Senke, die sich zur Regenzeit knietief mit den Abwässern der Stadt füllte und das Lager in einen stinkenden See verwandelten. Das Wasser mußte gekauft und in die Hütten getragen werden.

Heute klingt alles wie eine billige Reportage. Aber damals war das Wirklichkeit. Greif-, riech-, fühl- und hörbare Wirklichkeit.

Wie wenn man seine große Liebe trifft

Hier also war das Marie-Adelaide-Leprosy-Centre, 1957 von einer französischen Sozialfürsorgerin gegründet. Sie gehörte unserem Orden an. Daher auch die Benennung nach unserer Ordensgründerin. Aus allen Teilen der Stadt suchten sie hier Hilfe und Behandlung. Und das war das „Dispensary", der Behandlungsraum: aus alten Holzkisten zusammengenagelt, ohne Elektrizität, ohne Wasser. Nur zwei winzige Fenster. Der Raum vollgestopft mit Patienten, die sich auf den wenigen Quadratmetern drängten. Dann unerträgliche Hitze, Gestank, Lärm. Asien ist ja ein ohrenbetäubend lauter Kontinent. Und Fliegen, überall Fliegen.

Was mich aber damals noch mehr erschüttert hat, das war dieser eine Patient. Nicht älter als ich, noch keine 30: Mohammed Hassan. Er kam aus dem Norden Pakistans, aus den Bergen. Und er kroch, auf Händen und Füßen, in den Bretterverschlag. Auf allen vieren, wie ein Hund. Vielleicht hätte mich das noch nicht so aufgebracht. Aber dann dies: Seine Mitpatienten traten gleichmütig zur Seite, keiner regte sich auf. So, als sei das eine Selbstverständlichkeit. Etwas, wogegen sich aufzulehnen keinen Sinn hat: daß ein Mensch so auf Händen und

Füßen durch Staub und Schmutz kriechen müsse. Und auch das hätte vielleicht noch nicht den letzten Anstoß gegeben, wenn Mohammed Hassan es selbst nicht so gleichmütig hingenommen hätte. In seiner Stimme lag nur dumpfe Resignation. So als könnte es gar nicht anders sein.

Er hatte auch nur ein, ein einziges Leben zu leben! Ein Leben so wie ich!

Dieses Ja zur Entwürdigung hat mich fast betäubt. Daß diese Menschen dachten, ihr Zustand sei normal. Daß sie sich mit dieser Furchtbarkeit abgefunden hatten, die für mich das Äußerste an menschlicher Degradierung bedeutete. Wenn sie darunter gelitten hätten, hätte ich irgendwo noch einen Zugang gefunden. Wir im Nachkriegsdeutschland hatten wenigstens gesagt: Das kann nicht so weitergehen! Hier sagte keiner: das kann nicht so weitergehen. Ich habe seltene, seltene Anfälle von Jähzorn. Momente, in denen ich nicht mehr Herr meiner selbst bin. „Das Böse anspringen", hat der heilige Thomas gesagt. Ich wußte plötzlich: Hier, hier mußte es geschehen. Wie? – Gleichgültig. Jetzt! „Berenice", sagte ich mit unterdrückter Erregung, „Berenice, das kann nicht so weitergehen – etwas – irgend etwas werden wir tun –." Blitzartig liefen in diesen Minuten die Fäden meines Lebens zusammen. Es war, wie wenn man seine große Liebe trifft: ein und für allemal. Dies war nun entschieden und galt für immer. Und alles andere war nur das Ergebnis jenes Augenblickes im Bretterverschlag von McLeod Road.

Wie ein Hund auf der Straße

Es gibt keinen Ort der Welt, wo das Elend so zusammengeballt ist wie in diesem Lepra-Viertel. Ich glaube, jeder – jeder, der dieses Elend gesehen hätte, mit einem medizinischen Staatsexamen so wie ich, jeder hätte das gleiche getan.

Man kann nicht einfach daneben stehen, wenn Menschen, die wie wir ein Recht auf Würde und Glück haben, wenn Menschen einfach in Dreck und Krankheit verkommen, wie ein

Hund auf der Straße. Ich hatte keine andere Wahl. Ich mußte mich auf die Seite dieser getretenen und ausgestoßenen Menschen stellen. Vielleicht war es die Erfahrung mit den Juden im Dritten Reich, die in mir dieses leidenschaftliche und schmerzhafte Verlangen nach Gerechtigkeit geweckt hat. Nichts hätte mich davon abhalten können, ihnen zu helfen. Nicht das Mißtrauen der Patienten, nicht der Spott meiner Kollegen. Keine öffentlichen Angriffe, ich täte es aus unlauteren Motiven, ich wollte nur missionieren. Es war keine Entscheidung nötig, und gewiß noch viel weniger ein Tugendakt. Es gab keine andere Möglichkeit.

Operation in der Leichenhalle

Ich erinnere mich noch genau an den ersten meiner Patienten, der starb. Wegen einer Nierenkomplikation bei unbehandelter Lepra. Wir wohnten damals nicht im Camp, wir kamen jeden Tag dorthin. Es war ein riesiges Problem für mich, wie die Gruppe der Kranken reagieren, wie sie diesen Tod bewältigen würde. Ich hatte aber auch keine Hoffnung, bei unseren Mitteln. Auch bei den beschränkten diagnostischen Möglichkeiten. Wie habe ich geheult, als er starb. Als ich dann aber am Morgen ins Camp kam, sagten alle: „So einen schönen Tod ist noch keiner gestorben." Meine Reaktion war: Wenn dies schon ein Dienst ist, daß einer einen schönen Tod stirbt, dann läßt sich ja etwas machen.

Ich kam jeden Tag. „Operiert" wurde in der Bretterhütte, auf dem Erdboden kniend. Neben mir ein Patient, der mit dem Bambuswedel die Fliegen aus dem Operationsfeld verjagte. Ich war in den modernen, neu gebauten Krankenhäusern Westdeutschlands „groß geworden". Und ich hätte nie geglaubt, daß ich an jeder Straßenecke fast die gleiche Arbeit leisten könnte, wie in einer gefliesten Poliklinik.

Bald operierten wir dann auch in der Leichenhalle des Städtischen Krankenhauses. Nicht einmal eine Garage hätte ich in der Stadt bekommen, wo ich meine Aussätzigen hätte hinbringen können: „Ich würde Ihnen ja gerne helfen. Aber Sie müssen einsehen, ich kann meinen Ruf nicht so aufs Spiel setzen, daß ich anfange, mich mit Aussätzigen einzulassen." Das war die Auskunft, die ich immer wieder erhielt. In die Leichenhalle konnten wir auch nur, weil ich inzwischen jemand kennengelernt hatte, der in der Krankenhausverwaltung mitzuentscheiden hatte.

Stur sein und sich nicht verblüffen lassen

Ich habe gelernt, daß man aus den unmöglichsten Situationen etwas herausschlagen kann. Wenn man nur stur ist und sich nicht verblüffen läßt. Obwohl unsere „Armenklinik" eigentlich nur aus Verpackungsmaterial bestand, kein elektrisches Licht und kein fließendes Wasser hatte, betrieb ich Medizin und nicht Kurpfuscherei. Mit Laboruntersuchungen und Röntgenaufnahmen. Ich war sogar in Kontakt mit Fachkliniken. Das Verbandsmaterial war aus Bettüchern gerissen und zu Binden aufgewickelt. Und bald bekamen wir dann auch aus Deutschland Medikamentenspenden, vornehmlich Antibiotika, Cortison, Vitamine, Leberpräparate. Infusionslösungen für die jämmerlich dünnen Babies.

Aus Bambusstäben und zusammengebauten Säcken bauten wir vor dem Dispensary ein „Sonnendach" auf. Die Patientenzahl stieg bereits im Jahr 1962 auf über 900. Die Praxis hatte immer noch eine Größe von 8 m auf 8 m. In einer Ecke wurden die Medikamente ausgegeben. In einer zweiten Ecke hat Abdul Rehman sein Labor aufgebaut. In der dritten Ecke wurden die Verstümmelungen und Kontrakturen, zu denen eine vernachlässigte Lepra so oft führt, mit Wachsbad, Massage und Übungen behandelt. Die vierte Ecke schließlich diente als Konsultationsraum.

Der große Regen

1961 kam der große Monsunregen. Generationenlang hatte es keinen solchen Regen in Karachi gegeben. In fünf Jahren nicht einen Tropfen. Höchstens einen Schauer zwischendurch, und das nur alle Jahre. In diesem Jahr erlebten wir plötzlich eine richtige Regenzeit. Es regnete so heftig, daß wir sogar in dem Haus, in dem ich wohnte, mit allen verfügbaren Besen bewaffnet das Wasser aus den Wohnräumen herauszuhalten versuchten. Es fließt einfach in breiten Strömen wie ein Wasserfall vom Flachdach die Treppe hinunter und überflutet alles. Aber in unserer Leprakolonie: da stand an einigen Stellen das Wasser hüfthoch – und welch ein Wasser. Vermischt mit all den aufgelösten Abfällen und den Abwässern der Stadt. Die Kanalisation ist in keiner Weise auf Regen eingestellt. An solchen Tagen wird sie einfach überflutet. Wir haben in unserem Praxisraum schon auf den Tischen sitzend gearbeitet, oder knietief in der jauchigen Brühe stehend – zum Glück hatten wir seit kurzem Gummistiefel. Vorher hatten wir es barfuß getan. So ist die Infektionsgefahr geringer. Die Kranken marschierten mit ihren eiternden Wunden den ganzen Tag durch diesen stinkenden See. Als ich hinkam, packte man mich auf ein altes klappriges Fahrrad, und dann schoben sie mich, einer vorn und einer hinten, durch die schlammgefüllten Wege bis ins Dispensary – ich hätte meine Kleider bis über Kniehöhe hochraffen müssen. Das kann man in einem so konservativen muslimischen Land nicht tun. Vorher hatte ich allerdings noch ein paar Hüttenbesuche zu machen. Da mir das Rad doch ein bißchen riskant schien, stellten sie einen Hocker in einen der klapprigen Holzkarren, in denen sie die verkrüppelten Leprakranken zum Betteln fahren. Sie schoben mich unter großem Hallo durch die Kolonie. Damals ging seit acht Monaten schon der Streit um einen Krankenhausbauplatz. Und die Kranken lebten immer noch in den Abwässern der Stadt.

Ich lasse so etwas immer nur so weit an mich herankommen, genauer: Ich versuche es, daß es mich genügend aufbringt, um mich trotz aller Widerstände und Enttäuschungen stur an dem Plan festhalten zu lassen. Sonst denke ich möglichst wenig darüber nach, was mir nicht allzu schwerfällt, da ich praktisch den ganzen Tag ohne Pause beschäftigt bin.

Versuch, übers Wasser zu gehen

Leicht war es damals nicht. 1962 hatten wir bereits über 700 eingetragene Kranke, für die wir dreimal in der Woche Sprechstunden abhielten. Hätte mir früher jemand gesagt, ich würde im Monat bis zu 2500 Patienten betreuen, ohne Krankenkasse im Rücken, ich hätte ihn ausgelacht. Zwölf Stunden täglich waren wir in den Behandlungsräumen und hatten doch das Gefühl, daß die Hälfte der Arbeit unerledigt blieb. Im Dezember 1962 hatten sich die monatlichen Konsultationen, mit Hilfe medizinischer Hilfskräfte bereits auf 4500 erhöht.

Manche Arztkollegen fragten mich, wieso ich gerade die dreckigste und schwierigste Aufgabe in Karachi angenommen hatte. Ich war nie eine Frau für große Projekte. Ursprünglich dachte ich an „geistigere" Dinge als an diesen Kampf gegen die nackte Not, gegen Hunger, Schmutz, Ratten, Fliegen, gegen Opium, Schmuggel und Mädchenhandel. Irgendwie liegt aber in diesem offenen Angriff gegen die schreiendste Ungerechtigkeit auch etwas sehr Geistiges. Eine fast rauschhafte Freiheit, die sich in ihren klaren Momenten als völlig unabhängig von Erfolg oder Mißerfolg beschreiben läßt. Diese Freiheit liegt in der Entscheidung, daß man sich hinstellen kann und sagen: Ich sehe nicht mehr länger zu. Als mir das Elend wie eine Welle entgegenschlug – und die Welle wurde höher, als ich anfing, das erste Urdu zu verstehen und zu begreifen, was hier vorging –, da hatte ich gedacht: Es gibt nur zwei Möglichkeiten. Entweder du fährst heim auf dem kürzesten Wege. Oder du steigst aus dem Boot aus und versuchst, übers Wasser zu gehen und fängst einfach an. Ich kam mir reichlich verrückt vor damals. Heute weiß ich, daß es die einzig logische Antwort auf dieses Elend war. Und daß es der Ansatz für die Antwort auf die Frage ist, die mich nach dem Krieg umgetrieben hat: ob der

Mensch wirklich aus der Sinnlosigkeit eines über ihn verhängten Schicksals nicht ausbrechen könnte.

Wenn Wunder geschehen

Das Wunder, mit dem keiner zu rechnen gewagt hatte, und von dem wir im tiefsten Herzen doch wußten, daß es einmal kommen *mußte* – das Wunder ist wirklich geschehen. Wir bekamen 1962 ein kleines modernes Krankenhaus im Herzen der Stadt. Wir erhielten in der Folge neue Freunde und Mitarbeiter, die Anerkennung als Ausbildungsinstitut, Operationstheater, Stationen, Fachärzte, drei fliegende Ambulanzen in den Außenbezirken von Karachi, 2400 eingetragene Patienten und 9 neu eröffnete Außenstationen in allen Teilen Westpakistans, vom Himalaja bis zur indischen Grenze. Das alles bereits 1966.

Vier Jahre vorher war das alles noch ein wilder Traum gewesen. Als ich in der Bretterhütte operierte, auf dem Erdboden kniend, neben mir ein Patient, der mit dem Bambuswedel die Fliegen aus dem Operationsfeld verjagte. Als ich dachte, es käme nie wieder, daß ich in einem weißen Kittel Visite machen würde. Mit einem Kollegen einen Fall diskutieren. Einen Wasserhahn aufdrehen, über einem Waschbecken mit Seife und Handtuch.

Es ist eine eigene Geschichte, wie wir in dieses zentral gelegene Krankenhaus kamen. Der Besitzer dieses Gebäudes hatte es dem Lepraprojekt gestiftet, und mit Mitteln aus Deutschland war er in harter Währung abgefunden worden. Ein Freund wies mich damals darauf hin, daß es nach pakistanischem Recht außerordentlich schwierig sei, jemanden aus einem Gebäude herauszuklagen, und sehr einfach, eine einstweilige Verfügung zu erwirken, daß jemand nicht einziehen kann. Die Nachbarn würden natürlich gegen ein Leprakrankenhaus protestieren. So weihten wir nur zwei unserer Patienten ein, luden eines Nachts unsere Kistenmöbel aus der Bretterhütte auf einen Eselskarren, karrten ihn ins Krankenhaus und bestellten für morgens um 8 Uhr drei Patienten. Damit waren wir vor dem Gesetz ein etabliertes Krankenhaus. Wir wagten anfangs nicht, Scheiben einzusetzen. Es landete wirklich alles, von Steinen bis zu faulen Eiern und Tomaten. Und es gab auch die Prozesse, bis in die dritte Instanz. Es gab internationale Gutachten. Der Räumungsbefehl war schon auf dem Tisch des Bürgermeisters. Der sah sich unser Haus dann selber an und ist seitdem einer unserer zuverlässigsten Freunde bis heute.

Bis heute haben wir allen Versuchungen getrotzt, am Stadtrand großzügiger zu bauen. Unser Platz ist, wo die Menschen sind. Und so steht es heute noch im Zentrum von Karachi, auf einem winzigen Grundstück, aber inzwischen schon acht Stockwerke hoch: das Marie-Adelaide-Leprosy-Center. Das Wunder, das kommt, wenn man seine große Liebe trifft.

Der lange Weg

Wer den Tunnel hinter sich hat

Ich könnte mein Leben heute so erzählen und morgen ganz anders. Es gibt kein abgeschlossenes Bild. Manches ist zugeschneit in der Erinnerung. Vielleicht auch, weil ich über weite Strecken mit geschlossenen Augen gelebt habe. Sicher, ich habe viel getan. Aber ich bin kein Macher-Typ. Ich tue viel, aber ich mache wenig. Die Grunderfahrung meiner Biographie ist „Instrumentalität". Fügung könnte man sagen, oder Gnade.

Es gab Zeiten, wo ich den Drang verspürte, nach den Sternen zu greifen. Und Momente, wo ich die Sterne sich nur in den Pfützen spiegeln sah. Als ich 1960 zurückkam von einem Weiterbildungslehrgang im paradiesischen Südindien, von Vellour, zurück nach Karachi, in diesen Dreck, dieses Elend, sah ich plötzlich nur noch die Hütten, die Bretter, hörte nur noch den Lärm. Alles war nur noch platter, häßlicher Ausschnitt. Der Mensch kann aber nichts Häßliches lieben, das geht nicht. Die Vorstellung, dies alles plötzlich nicht mehr lieben zu können, hat mich in Panik versetzt. Bis mir ein Lied einfiel, ein Chanson des französischen Jesuiten Duval: „Das häßliche Gesicht, das noch keiner geküßt hat ..." Dieses Gesicht, das schön wird, wenn man beginnt, es zu lieben. Wie hat mich dieser Gedanke erleichtert. Nur von der Tugend kann man nicht leben. Es gab Tage, an denen ich nicht wußte, ob der Satz „So hat Gott die Welt geliebt" eine Blasphemie ist oder ein Gebet. Aber rückblickend ist auch dies eine der gnädigsten Erfahrungen menschlichen Lebens: Wer den Tunnel hinter sich hat, vergißt die Dunkelheit. Wenn das Kind geboren ist, dann entsinnt sich die Mutter nicht mehr der Schmerzen.

Trotzdem: Es gibt das Auf und das Ab, Ebbe und Flut, die hellen und die dunklen Stränge, die sich durch mein Leben ziehen, die ich nicht aufrechnen kann gegeneinander, gleichsam „per saldo" unter dem Strich. Nichts ist auszuschöpfen, am wenigsten das, worauf man sich jeden Tag neu einläßt, das eigene Leben.

Unvergeßlich kostbar

Ich war vier Jahre, als die Nazis kamen, zehn, als der Krieg ausbrach. Trotzdem habe ich die Erfahrung einer geborgenen Kindheit. Zumindest insofern wir bejahte Kinder waren. Obwohl ich die „Nr. 4" und immer noch ein Mädchen war (erst das sechste Kind war ein Bub) – meinen Eltern hat das nichts ausgemacht. Als ich geboren war, mickrige 2500 g, sagte meine Mutter: „Wenn alle anderen auch weglaufen und verheiratet sind, die Ruth, die bleibt." Ich bin dann doch weggelaufen.

Aufgewachsen bin ich immerhin mit dem Gefühl, etwas Besonderes zu sein. Ich war vielleicht acht oder neun, als mein Vater mich in das Büro des Verlagshauses mitnahm, in dem er kaufmännischer Direktor war. Er reichte mich bei seinen Kollegen herum: „Das ist meine Tochter!" Und als ich am Ende des Besuches feierlich die breite Freitreppe hinabstieg, hatte ich ein unvergeßliches Gefühl von Einmaligkeit und Kostbarkeit.

Oder die Geschichte mit der roten Karte. Wir Pfau-Kinder wuchsen alle auf mit dem Gefühl, ein geheimes Mandat zu besitzen, das uns Dinge erlaubte, die normalen Bürgern verboten waren. Das Mandat ging zurück auf einen unserer Vorfahren, der eine rote Karte besaß. Wer diese rote Karte besaß, durfte auf Rasen spielen, deren Betreten verboten war – auf Privatwegen radfahren, wo Radfahren verboten war – und wenn ein Hüter der Ordnung drohend auf den Übeltäter zukam, zog der lässig die rote Karte aus der Tasche – und der Polizist schlug die

Hacken zusammen, legte grüßend die Hand an die Mütze und drehte sich auf seinem Stiefelabsatz um –. Das war frühe Kindheit –. Es hat die rote Karte nie gegeben. Aber noch heute gibt es keine sichere Methode, mich dazu zu bringen, etwas durchzusetzen, als zu sagen, ich dürfe das nicht –. Ich hätte wohl nicht (oder wenigstens nicht so früh) so eisern darauf bestanden, in Azad ein Leprabekämpfungsprogramm aufzubauen, wenn man mir nicht gesagt hätte, daß Azad Ausländern verschlossen sei. Ich stand vor der Barriere – hinter dem nächsten Paß, sagte man mir, sei Musaffarabad, aber dort dürfte ich nicht hin. Warum? Weil ich nicht aus Azad sei. In dieser Stunde schwor ich mir, ich würde nicht eher sterben, ehe ich nicht Musaffarabad nicht nur gesehen, sondern auch ein Anrecht darauf hätte.

Heute ist Musaffarabad meine zweite Heimat, und Azad mein bestes Leprabekämpfungsprogramm.

Wohin ist Gabi verschwunden?

Natürlich gibt es auch die Traumata meiner Kindheit. Heute noch gerate ich bei Massenaufläufen, die bei den pakistanischen Unruhen nicht selten sind, in Panik. Ich muß mich am Zügel reißen, um nicht durchzudrehen. Diese Aufmärsche um die Grünanlage neben unserem Einfamilienhäuschen, dieses Lärmen der Trommeln bei der Mai-Feier der Nazis auf dieser Märchenwiese. Dieses nächtlich-düstere Springen über das Feuer. Unheimlich sind mir diese Erinnerungen – auch deswegen, weil sie mein Vater so einstufte. Mein Vater, der in kein Klischee paßte: ein wenig Biedermeier, und doch erfolgreicher Geschäftsmann. Unter heutigen Kategorien ein Alternativer. Ihn trieb das Problem des Tyrannenmords um, aus religiösen Motiven. Meine Mutter hatte dagegen argumentiert: „Wenn du sechs Kinder in die Welt setzt, dann mußt du auch sehen, daß du für sie da bist." Vor uns Kindern wurde der Konflikt nicht ausgetragen. Aber er schwelte. Einmal war die älteste Schwester bei einem Urlaub vom Arbeitsdienst zu Hause. Sie machte eine Bemerkung, die wohl auf die KZ's hinzielte. Meine Mutter brach diesen Satz ab. Er ist nie zu Ende geführt worden. Ich erinnere mich auch, daß in unserer Volksschulklasse ein jüdisches Mädchen war, das nach der Reichskristallnacht nicht mehr erschien. Mich hat das sehr beunruhigt. Ich fragte und erhielt keine Antwort, wo die Gabi hin war.

Welche Tapferkeit

In der Schulzeit waren wir alle im BDM. Ich verachtete das primitiv Proletenhafte an den Nazis. „Bizeps-Kultur" nannten wir das. Aber angesprochen waren wir von dem Elitebewußtsein, das in der Führergruppe gepflegt wurde. Das war verführerisch. Mit dreizehn war mein schwärmerisch verehrtes Ideal die Leiterin unserer „Führergruppe". Ich war in dieser Kader-Gruppe und gewohnt seit meiner Kindheit, die „Nummer Eins" zu spielen. (Außer im Sport. Sport habe ich immer gehaßt.) Ich hatte das Gefühl, daß diese Führerin mich besonders behandelte – und daß es mir zustand. An einem der „Heimabende" redeten wir über Nietzsche. Dann kam der Satz: „Die größte Tapferkeit ist, unberührt zuzusehen, wenn ein anderer leidet." Das war das Ende. Da war es bei mir plötzlich aus. Ich rannte hinaus. Sie mir nach, sie wollte über die Sache noch einmal sprechen. Ich blieb beim Nein, ging nach Hause und heulte fassungslos.

Dann der Krieg. Ich habe später noch zwei Kriege erlebt in Pakistan. Als ich die Sirenen in Karachi hörte, da war die Erinnerung an die Bombennächte des Zweiten Weltkrieges plötzlich wieder da. Wir waren 1943 ausgebombt. Und sicher gibt es in meiner Kindheit nicht nur das Urvertrauen, nicht bloß den Glauben, daß eine schlimme Situation nicht ganz aussichtslos ist. Es gab auch das Urgrauen: die Bilder von verletzten, von blutenden Menschen, von zerbombten Häusern und Trümmern. Da, wo vorher eine festgefügte Welt stand. Jahrelang habe ich mit einer untergründigen panischen Angst gelebt. Jahrelang konnte ich nicht im Dunkeln sein. Auch jetzt noch schreckt mich die Dunkelheit. Nur wenn ein Patient in äußerster Lebensgefahr wäre, würde ich alleine losmarschieren.

Zwar war für uns Kinder auch ein Hauch von Abenteuer dabei, Freude am Heldentum. Das brachten die Nazis ja fertig. Granatsplitter sammeln und damit dann angeben: „Der dickste lag am nächsten bei uns." Daß wir, nach der Bombennacht, im Wehrmachtsbericht mit Namen genannt wurden, die „jungen Helden von Leipzig", daß ich Botengänge machte auf Wegen, wo noch nicht explodierte Bomben lagen, daß wir in den Notunterkünften beim Organisieren der Feldküche halfen – das war schon etwas. Aber diese Abenteuerlust war auch Verdrängung, Kompensation der schrecklichen Wirklichkeit, der tiefen Ängste. Der Angst etwa um meine Mutter, die damals schwanger war mit dem Buben.

Katastropheneinsatz Leipzig-Hauptbahnhof

Leipzig liegt im Zentrum Deutschlands. Flüchtlingsströme kamen damals von allen Seiten nach Mitteldeutschland. Wir BDM-Mädchen waren im Katastropheneinsatz, schleppten Koffer, gaben Essen aus. Für mich brach eine Welt zusammen über diesem unvorstellbaren Leid. Einen Buben sehe ich noch vor mir, vielleicht vier Jahre alt. Ich fand ihn alleine und schreiend auf dem Bahnhof. Seinen Namen wollte er mir nicht geben, er war viel zu verängstigt. Was sollte ich machen? Da rief ich durch die Lautsprecher: Ich hätte einen vierjährigen Jungen, der sähe so und so aus, und er schrie, und ich wüßte den Namen nicht, und wer einen vierjährigen Jungen verloren habe, der solle sich da und da melden. Eine entsetzliche Situation. Die Züge fuhren an, während die Menschen noch versuchten, hineinzuklettern. Es war Winter damals. Die Bombenflüchtlinge aus Dresden erkannte man fast an den Gesichtern. Sie kamen aus einem apokalyptischen Erlebnis. Und ich hatte diesen Jungen und wußte nicht, was tun. Plötzlich rannte eine Frau heran, riß mir das Kind aus den Armen und verschwand. Das muß die Mutter gewesen sein. Diese Panik und diese Hilflosigkeit waren schrecklich.

Wir schleppten 14 Stunden am Tag die Koffer. Wohin? Von einem Bahnsteig zum anderen in der Hoffnung, daß die Leute irgendwie weiterkonnten. Aber selbst wenn sie weiterkonnten, wohin bloß? Auf der einen Seite waren die Russen, auf der anderen Seite die Amerikaner. Man lief nur noch durcheinander. Alles unter ständigen Luftangriffen. Wir waren junge Mädchen und wußten nicht, wie wir die Leute so schnell rein- und rausbringen wollten. Keiner wußte, was er noch machen sollte. Aber man konnte nicht einfach in der Mitte stehenbleiben. Die Leute konnten nicht nur im Bahnhof auflaufen, die mußten ja wieder weg. Wir hatten den Überblick verloren. Die totale Verrücktheit.

Eine Welt bricht zusammen, das Leben geht weiter

Merkwürdig, am Ende dieser dunklen Zeit voller Grauen stand etwas seltsam Tröstliches. Sieg oder Untergang – darauf haben wir alle hingelebt. Seit wir wußten, daß der Sieg nicht zu erringen war, waren wir bereit, mit Würde unterzugehen. Eine historische Erzählung aus der Römerzeit wurde damals viel gelesen. Ein Stamm wollte sich nicht unterwerfen, alle stürzten sich freiwillig in den Vesuv. Das hat die heroischen Kinderträume sehr beflügelt. Als unser Untergang aber gar nicht stattfand, waren wir sehr erstaunt. Wir hatten eine grüne Tür an unserem Garten. Da saßen wir, Walter und ich. Es war ein Mai-Tag, die Kirschen blühten, und der Krieg war vorbei. Die Amerikaner hatten uns überrollt – gestern. Ihre Kampfgeschwader flogen über uns. Aber es bestand keine Gefahr, daß sie uns heute bombten. Sie hatten die Stadt besetzt. Und Walter sagte: „Sieh, das Leben geht weiter."

Das ist für mich eine Schlüsselerfahrung, daß das Leben weitergeht. Daß es stärker ist als der millionenfache Tod. Daß die Kirschbäume wieder blühten und eine Amsel sang.

Schrecken und Ängste

Was nachher kam, ist mit tiefem Schrecken verbunden. Die Amerikaner hatten die Stadt den Russen übergeben. Mein Vater war noch nicht zu Hause. Mutter litt Todesängste um uns fünf Mädchen, alle in einem gefährdeten Alter. Es war schrecklich, auch nur über die Straße zu gehen oder in der Straßenbahn zu fahren. Ich entsinne mich an eine Tramfahrt, bei der zwei Russen dabei waren. Aus irgendeinem Grund wurden die beiden plötzlich aggressiv. Ich bin vor zum Fahrer, flehte ihn an, er möge anhalten und mich herauslassen. Gott sei Dank hat er es nicht getan, wir waren mitten in einem Waldgebiet. Auch die deutschen Fahrgäste waren hilflos. Aber einer, der vorne stand, in einer Ecke, nahm mich hinter seinen Rücken. Diesen Menschen werde ich am Jüngsten Tage wiederfinden, um ihm dafür zu danken.

Die Angst auch ums tägliche Brot. Die Versorgung war total zusammengebrochen. Unser Jüngster war noch kein Jahr. Die Mutter, schwerkrank, konnte nicht stillen. Vor Sonnenaufgang schlichen wir, mein Vater und ich, durch die russischen Streifen und versuchten, irgend etwas zu hamstern. Wir konnten dem Buben aber nicht helfen.

Trotz der nächtlichen Ausgangssperre ging mein Vater noch einmal, um die Ärztin zu holen. Die kam aber dann nicht, wegen der Ausgangssperre. Ich bin fast wahnsinnig geworden, als der Junge starb, nachts. Um ihn hatte ich schon soviel Angst, noch ehe er geboren wurde. Wie sind wir herumgerannt, um ihm die Milch zu verschaffen! Ich darf nicht daran denken. Das war die Zeit, als ich dachte, man dürfe keine Kinder in die Welt setzen. Weil meine Mutter viel krank war, hatte ich von der Schule Urlaub genommen, um den Haushalt zu führen. Es gab keine Kohlen damals. Es waren viel zu kalte Winter. Wo wir nur irgend etwas Brennbares finden konnten, haben wir es geklaut. Alle wohnten in einem kleinen Zimmer, alle um den einen Kachelofen herum. Überhaupt nicht daran zu denken, die anderen Zimmer zu heizen. Hier wurde der Bub gewindelt, hier wurde gegessen, gearbeitet. Hier bereitete ich mich auf das

Abitur vor. Wenn ich zu Bett ging, froren die Atemzüge auf der Steppdecke an. Nachts um drei stand ich auf, um überhaupt Ruhe zum Lernen zu haben. Das konnte man nur, wenn die anderen schliefen. Es war keine idyllische Zeit.

Religion war abgelegt

Als ich aus der Schule kam, hatte ich die Religion bereits abgelegt. Meine Eltern waren überzeugte Christen. Sie gehörten einer protestantischen Sekte an, der Freien Evangelischen Gemeinde zur Förderung des Christentums e.V. Eine Sekte, die kaum mehr als 200 Mitglieder hatte und auf Leipzig beschränkt war. Wir wurden immer komisch angeschaut, wenn wir unsere Religionszugehörigkeit angaben. Trotzdem hatten wir nie das Gefühl, „am Rand" zu stehen wegen dieser Überzeugung unserer Eltern. Wir hatten eher das Gefühl, selber am Rand dieser Sekte zu stehen. Keinem von uns Geschwistern hat sie viel bedeutet. Als junges Mädchen habe ich mich stark von religiösen Dingen distanziert. (Obwohl ich nie duldete, daß jemand wegen seiner religiösen Überzeugung lächerlich gemacht wurde.)

Wir Kinder besuchten die Kinder-Bibelstunde, in der viel geredet wurde über Dinge, die ich nicht verstand, die mich auch nicht interessierten. Wenn man sich gelangweilt im Saal umsah, gab es da getreu der alttestamentlichen Weisung kein Bild. Nur ein einsames kleines billiges Führerbild, das aber, da es das einzige war, unverhältnismäßig an Bedeutung gewann. Dann gab es noch ein Fenster, ein Fenster mit einem madonnen-himmelblauen Vorhang. Ich wußte, daß hinter diesem himmelblauen Vorhang das Paradies begann: grüne Wiesen mit Margeriten und Schmetterlingen in einer blauen Frühlingssonne –.

Eines Tages war der Vorhang zurückgezogen. Dahinter: die tristen Hinterhöfe eines Vorortes von Leipzig, zwei Unterhosen auf der Leine, zum Trocknen aufgehängt.

Danach blieb nur noch das Führerbild.

Wie ich dann doch zum Glauben gekommen bin? Es war sicher umgekehrt. Der Glaube kam zu mir, er hat mich gefunden. Zweifellos haben mir meine Eltern den Weg erbetet. Denn der Glaube lag mir fern – fern – fern. Nur die Frage der Liebe blieb. Blieb nicht nur, sondern gewann Jahr für Jahr an Bedeutung. Aber auch dahin war ein weiter Weg.

Als ich die Schule verließ, war ich einseitig intellektuell ausgerichtet. Wir haben unsere intellektuelle Überlegenheit schon deswegen so herausgestrichen, um gegen den neuen Ton der „proletarischen Volksgenossenschaft" zu protestieren. Mein Rektor sagte mir damals, bei der Abschlußrede der Reifeprüfung: „Man verneigt sich vor der Intelligenz. Man kniet vor der Güte." Das war sicher eine Warnung. Denn in Richtung Güte bin ich erst später „aufgewacht". Die Versuchung der Elite gab es unter dem Kommunismus genauso wie vorher im Nazi-Staat. Die Masse, das manipulierbare Stimmvieh, das sind immer die anderen. Ich kenne diesen kühlen und kalten Kitzel. Das Gefühl, eine Situation zu übersehen, zu beherrschen, zu manipulieren. Diesen distanzierten Rausch der Macht. Es gab in der Ostzone später eine Justizministerin, die diesen negativen Typus verkörperte. Ich habe oft gedacht: Du hättest genauso werden können.

Der Tod und die Liebe

Wertsystem hatte ich damals keines. Ich war auf der Suche. Und der Kommunismus war eine reale Möglichkeit. Warum nicht? Als ich aber dann in der FdJ alle alten Bekannten vom BDM wiedertraf, als ich sah, daß unter einer neuen Flagge alles einfach weiterging, da konnte ich nicht einfach mitmachen. Sie sagten das gleiche unter anderen Vorzeichen. Ich stellte die gleichen Fragen. Was der Tod sei und wie die Liebe, die Liebe, hineinpassen würde in ihr System. Das sei doch nun einmal ein erwiesenes, aber nicht erklärtes Phänomen.

Ich hatte eine Oberärztin, die ich als Praktikantin anbetete. Sie sagte, der Marxismus sei allmächtig, weil er wahr sei. Ich legte ihr die Frage mit der Liebe vor. Sie gab keine Antwort. Bald danach fragte ich sie, an einem späten Abend, ob ich die Chance wahrnehmen solle, in den Westen zu gehen, die sich mir ergeben hatte? Sie sagte: „Gehen Sie ruhig. Ich weiß, Sie werden wiederkommen. Denn nur der Marxismus hat die Wahrheit."

Über die Grenze

In den Westen ging ich 1948, kurz nach der Währungsreform. Ich hatte im Osten keine Aussichten mehr weiterzukommen, wollte es zu diesem Zeitpunkt auch nicht mehr. Die Studienpläne waren ideologisch verseucht. Und das Wichtigste: Mein Vater hatte keine Anstellung gefunden, sein Verlag war verstaatlicht worden. Seine Geschäftsverbindungen, seine Freunde waren im Westen. Nur ich kam als Hilfe für ihn in Frage, da die jüngste Schwester noch zu klein war, die andere in Rostock studierte.

Ich kam illegal über die grüne Grenze, wußte nicht einmal, wo sie verlief. Irgendwo bin ich umgestiegen, nachts. „Meinen Sie wirklich, das ist richtig, wenn Sie jetzt in den Westen gehen?" fragte mich ein junger Volkspolizist, mit dem ich lange Zeit zwischen den Zügen hin und her lief und philosophierte. Er war selber sehr im Zweifel. Dann zeigte er mir den Zug zur Endstation. Dort fragte ich wieder nach der Grenze. Keiner hat geantwortet, alle hatten Angst, viel zuviel Angst. Ich erinnere mich noch genau: Ein Mann, der sich gerade rasierte. Der Schaum über dem Gesicht. Den Tränen nahe, fragte ich ihn: „Ich muß über die Grenze, wie finde ich die?" Er deutete nur, schweigend und ohne sein Gesicht zu verziehen, hinter sich und wies mir die Richtung. Ich lief noch lange den Berghang herunter, sah unten eine Streife. Um mich zu verstecken, drückte ich mich in eine Scheune. Da kam die Streife nach, drei Volkspolizisten, junge Männer. Sie untersuchten mein Gepäck, das nur aus einer Aktentasche bestand. Obenauf mein Teddybär, den ich sehr liebte, darunter einige Camelia, zuunterst anderes. Mehr hatte ich nicht gepackt. Der eine sagte: „Ich bringe Sie zum Lager." Wir marschierten gemeinsam einen weiteren Hang herunter, an einem Wald vorbei. Dann sagte er: „Zweihundert Meter weiter, dann sind Sie im westlichen Sektor." Vor mir ein Stoppelfeld, ich fing an zu rennen. Der Weg verlief unter einer Brücke. Plötzlich kam mir ein Soldat entgegen. Kein Mensch sonst weit und breit. Ich konnte weder in die eine noch in die andere Richtung, ging also weiter, auf einem ganz schmalen Fußweg. Kurz bevor ich auf seiner Höhe war, verließ der Soldat diesen Gehsteig. Und ging an mir vorbei. Als er vorüber war, habe ich mich umgedreht, ihm nachgestarrt. Und ich dachte: Das also ist die Westzone.

Das Wiedersehen mit dem Vater war über die Maßen herrlich. Dann kam eine schwierige Zeit. Als wir versuchten, meine Mutter und meine kleine Schwester nachzuholen, bezahlten wir dreimal an Fluchthelfer. Erst der dritte hat sie dann später herübergebracht. Zwischendurch gelang mir ein einziges Mal eine telefonische Verbindung mit Leipzig. Und die hat meine Mutter auf der anderen Seite aufgelegt. Dabei hatte ich nur gesagt, es sei schön hier. Für sie muß das über das hinausgegangen sein, was sie in dem Moment ertragen konnte. Es war wirklich keine einfache Zeit. Wir lebten in Wiesbaden in einer Wohnung, die nur aus einem einzigen Zimmer bestand. Wenn ich mich waschen wollte, mußte mein Vater spazierengehen. Mein Vater fing dann wieder im Verlagswesen an. Er hat es sehr bedauert, daß keines seiner Kinder in seinen Beruf eingestiegen ist. Ich war zwar einige Zeit seine Mitarbeiterin, hatte aber zu dieser Welt des Geschäftlichen auf die Dauer kein Verhältnis. Ich war viel unterwegs damals.

Die Fahrradliebe von Maria Laach

Es gab eine Reihe von Begegnungen. Eine davon noch vor dem Beginn des Studiums. Die Fahrradliebe von Maria Laach.

Als ich das erstemal nach Maria Laach kam, zusammen mit drei Jungen, auf einem eben erstandenen Fahrrad, da war ich noch nicht einmal getauft. (In der Sekte meiner Eltern gab es nur die Erwachsenentaufe.) Und daß es Mönche woanders als im Mittelalter oder in Bayern oder in Novellen gab, das wußte ich damals auch noch nicht. Ich dachte, Maria Laach sei eine Art Museum – und war höchst erstaunt, daß die Mönche nicht ausgestopft waren. Ich freundete mich gleich mit einem Jungen an, der ihre Pferde versorgte. Der versprach mir, mich reiten zu lassen. Ich hatte noch nie auf einem Pferd gesessen. Er stopfte mir die Taschen mit Birnen aus dem Klostergarten voll und erzählte mir von ihrem Abt, der gerne Musik hatte studieren wollen und den man zum Jurastudium nach Rom geschickt hatte. Und er sei auch gegangen, obwohl ihm Jura gar nicht gelegen hätte. Und dann erzählte er mir, daß er ein ganzes Jahr gespart hätte, um zum Karneval in Mainz einmal richtig auf die Pauke hauen zu können; und daß er sich in letzter Minute doch anders entschlossen hätte und sich für das Geld lieber eine Kamera gekauft habe, und da sei die Kamera, heute wäre er froh, daß er sie hätte. Was ich hier täte? Ach, ich – ich wartete auf meine Zulassung zum Medizinstudium und hätte die Zeit zu einer Radtour im Rheintal ausgenutzt. Ob man in die Kirche hineindürfe? Dürfe? Was für eine Frage. Natürlich. Ob ich denn nicht katholisch sei? Nein, sagte ich, nicht mal getauft.

An jenem Sommertag 1950 hat wohl der Herrgott schon mein Schicksal geknüpft, von dem weder der angehende Mönch noch der Teenager im Sonnenanzug irgend etwas wußten. An diesem Tage geschahen zwei entscheidende Dinge in meinem Leben: ich verliebte mich das erstemal (in einen Fahrtkameraden), und ich war zum ersten Male der Kirche begegnet. Die Kirche und die Jungen – das waren für ein paar Jahre das Spannungsfeld, in dem ich aufwuchs. Bis die Entscheidung endgültig zugunsten der Kirche fiel. Ob jener Mönch in Maria Laach irgend etwas damit zu tun gehabt hat?

Der Junge, mit dem ich mich angefreundet hatte, kam aus einer Nazi-Ordensburg. Er war merkwürdig intakt über diese Zeit gekommen. Eigenartig, wie wenig an manche Menschen herankommt. Und wie andere unter ihrer Zeit zerbrechen.

Wir haben uns dann bald wieder getrennt, weil wir beide noch in der Ausbildung standen. Versprachen uns aber: Wenn wir nach sieben Jahren noch nicht verheiratet seien, würden wir uns an einem bestimmten Tag schreiben. Er sollte mir dann sieben gelbe Rosen schicken. Und ich würde antworten. So geschah es dann auch. Aber es war keine Liebe fürs Leben.

Gibt denn keiner Antwort?

Schließlich fing ich an zu studieren. Vermutlich neigt jeder dazu, seine Studienzeit zu verklären. Aber es war wirklich eine Zeit des Aufbruchs, des Neuanfangs. Erst danach bin ich geistig „aufgewacht". Die grundlegenden Fragen verschafften sich Luft, prägten unser Leben. Das alles bestimmende Gefühl, auch bei den aus dem Krieg Zurückgekehrten: Nie wieder Krieg. Nie wieder Nazi-Zeit. Nie wieder Judenverfolgung. Dieses „Nie wieder" war ein ganz vitaler Impuls. Es war die Zeit des grenzenlosen Suchens. Wo habe ich es nicht versucht? Ich war in den kommunistischen Wahlversammlungen, fasziniert von der Freiheit der Meinungsäußerung. Ich suchte unter den Anthroposophen. Ich trat dem sozialistischen Studentenbund bei, kandidierte und wurde in die Studentenvertretung gewählt. Ich nahm mich in den Arm und sagte: „... Ein neuer Hedonismus tut uns not!" Dann Sartre. Die Tapferkeit, sich den Fakten zu stellen: es *gibt* keinen Sinn – warum in einer Lebenslüge verharren, warum sich nicht stellen? Wolfgang Borcherts Ruf in die hallende Leere des Kerkers Weltkugel: Gibt denn keiner, keiner Antwort?

Es war auch eine Zeit großer Unsicherheit. Eine Zeit der Illusionslosigkeit und keineswegs eine Idylle. Wenn die Eltern sich heute beklagen, daß ihre Kinder ohne Trauschein zusammenleben – das hat meine Generation auch gemacht, nur mit dem Unterschied: Viele von denen, die heute zusammenleben, tun das in Treue und haben vor, zusammenzubleiben. Damals waren im Schlafsaal der Jungen einfach Wolldecken zwischen den Betten aufgespannt. Treue war kein hoher Wert in diesen

Kreisen, und Partnerwechsel an der Tagesordnung. Wurde es schwierig, wechselte man die Universität. Der Krieg hat viel zerstört, auch in der Fähigkeit zu echter menschlicher Begegnung. Viele der jungen Männer waren mit hohen Idealen in den Krieg gezogen. Und sie waren in einem Alter, wo die Begegnung mit einer Frau mehr bedeutete, als daß man ein Kondom in die Hand gedrückt bekam mit der Bemerkung: „Paßt nur auf, daß ihr euch nicht ansteckt."

Aufgeweckt zur Liebe

Damals lernte ich H. kennen. Er studierte evangelische Theologie, tief von Fragen und der Wirrnis des Krieges geprägt. Ich ging täglich zur Morgenandacht, um ihn zu treffen. Wir durchlebten und durchliebten ein glückhaftes Sommersemester. Aber diese dunkle Unterströmung in seinem Leben. Wenn er schlief, konnte er plötzlich auffahren und schreien. In ihn hatte ich mich unsterblich verliebt. An dieser Liebe habe ich wirklich gelitten. An jeder Liebe, die über das Spielerische und Tändelnde hinausgeht, ist Leiden beteiligt. Für ihn bin ich die einzige Frau, mit der es nicht in der Katastrophe geendet hat. Und er hat mir sehr geholfen, meine eigentliche Berufung zu entdecken. Er hat mich aufgeweckt zu dem, was Liebe heißt. Seine Zärtlichkeit, auf dem Boden schmerzhafter Enttäuschungen, war unerwartet behutsam. Er lehrte mich, daß man sein Ich nur in der Zuwendung zum Du finden könne. Das ist für mich die ganz zentrale Wahrheit geblieben. Sie steht für mich auch im Mittelpunkt meiner christlichen Erfahrung, die kein „Ismus" ist. Uns kann kein System die Antwort auf unsere Lebensprobleme geben. Nur ein Du. Hinter diese Erfahrung, hinter diese Wahrheit habe ich nie wieder zurückgekonnt. H. lehrte es mich.

So ganz anders

Als wir uns trennten, wäre es mir komisch vorgekommen, nun nicht mehr zur Morgenandacht zu gehen. So ging ich weiter. Um diese Zeit las ich Kierkegaard. Ich weiß nicht mehr, was ich gelesen habe. Ich weiß nicht einmal mehr, was eigentlich in den Büchern stand. Ich entsinne mich nur noch, in den langen kalten Winterabenden, die wir in dem einzigen geheizten Raum der Uni verbrachten, an ein atemberaubendes Abenteuer – ein Eintauchen in einen Ozean mit unendlichen Horizonten.

Als ich auftauchte, dachte ich, nun sei alles durchprobiert. Es stünde noch dieses eine offen, ehe ich die Konsequenzen zöge: die Konsequenz, es lohne sich nicht.

Dieses Eine, Letzte wollte ich noch ausprobieren. Ich suchte die Gemeinschaft mit Kollegen, die sagten, sie seien Christen. Ich sagte, ich würde es auch gern werden, wenn ich nur wüßte, wie man das technisch mache. Sie sagten, das müsse von selber kommen. Das half mir begreiflicherweise nichts.

Ich blieb am Ball. Ich besuchte Einkehrzeiten. Fand vieles kleinkariert, das meiste fremd. Einmal horchte ich auf. Einer sagte: „Liebe Gott, und tue, was du willst." Das nahm ich mit. Es „geschah" schließlich auf der kleinkariertesten aller Freizeiten. Eine ältere Frau aus Holland. Mit einem schrecklichen Deutsch. Ich hatte gerade noch gelacht, als sie davon sprach, daß man das Böse „nicht einfach so wegbesen" könne. Dann erfuhr ich, daß sie aus einem deutschen Konzentrationslager entlassen sei und seither „die Versöhnung verkündige". Das machte sie mir glaubhaft. Ich legte ihr meine Frage vor, wie man das technisch mache, ein Christ zu werden. Sie sagte, man müsse beten. Es geschah, ohne daß ich gebetet hatte. Sie hat es wohl für mich getan. Als ich die Treppe hinunterlief, mußte ich lachen. Weil es so einfach war – so überzeugend – so beschwingt – so ganz anders – *so verliebt* –.

1951 ließ ich mich taufen, in der evangelischen Studentengemeinde.

Der Herrgott und die Fastnachtsbälle

Meine Mitgliedschaft in jener Studentengruppe war aber von kurzer Dauer. Ich suchte mehr Objektivität, mehr Lehre – und mehr Humor. Zu Fastnacht hatten sie parallel zum Fastnachtsball einen Wortgottesdienst angesetzt. Ich dachte, ich könnte beides mitnehmen, schlüpfte (schon in voller Kriegsbemalung – zum Umziehen wäre keine Zeit mehr gewesen) fromm und andächtig in die hinterste Bank – und traf auf wenig Gegenliebe. Ich konnte nicht einsehen, warum meine neue Liebe nichts mit dem Fastnachtsball zu tun haben sollte – eine Liebe war total, oder sie war keine Liebe! Was sollte ich mit einem Herrgott tun, der sich für Fastnachtsbälle nicht interessierte? Besonders, wenn ich dabei war?

Mein nächster Freund war Altphilologe und katholisch. Er war zumindest der nächste ernstzunehmende. Mich faszinierte, wie wichtig ihm das gelebte Leben war. Er fing immer wieder von vorne an, es war immer das gleiche: „Also, ich habe heute gebeichtet. Das heißt, daß du heute um 10 Uhr nach Hause gehen mußt." Das hat mir sehr imponiert. Und jeden Morgen um vier, wenn ich dann doch nicht um 10 Uhr nach Hause gegangen war, begleitete er mich noch zur Universität. Um fünf Uhr war die erste Frühmesse im Mainzer Dom.

Katholisch sein fand ich faszinierend. Geworden bin ich es aber dann erst, nachdem ich mich intensiv damit auseinandergesetzt hatte. Aber er hat viel dazu beigetragen, daß ich es wurde.

Unsere Beziehung ging schief, durch meine Schuld. Ich liebte ihn mit einer fordernden, schwermütigen, fragenden Liebe. Vieles an ihm war mir fremd. Später, viel später, als ich schon in Paris im Noviziat war, sahen wir uns noch einmal. Gingen die alten Wege unserer Studienzeit. Noch einmal tauchte die Frage auf – die Frage, wohin mein Weg in die Zukunft führe. Ich sagte, ich sei glücklich in Paris. Und er sagte: „Irgendwie habe ich das schon immer gewußt. Gerade in den Augenblicken, in denen wir uns dem Glück ganz nah wußten, wenn es greifbar unter unseren Händen aufblühte, hattest du eine brüske und unvermittelte Art zu sagen – aber das Eigentliche, das Eigentliche muß noch darüber hinaus liegen. Du hast schon immer das Unbegrenzte, Unendliche – das Ewige gewollt."

Während der Studienzeit, als wir uns trennten, in viel Wirrnis und nach viel Herzeleid, wechselte ich die Universität.

Mensch werden

Ich habe weitergesucht damals, wie trunken. Josef Pieper verdanke ich, daß sich das Neue zu etwas Konstruktivem verdichtete. Was er über die Tapferkeit sagt, beeindruckt mich heute noch: „der Mut, sich um des größeren Gutes willen einer Verwundung auszusetzen". Das war so unterschiedlich vom Nazismus, wo Tapferkeit hieß: die Zähne zusammenbeißen, sich nichts anmerken lassen. Hier war Tapferkeit etwas Wertbezogenes, etwas, bei dem man sich völlig menschlich benehmen konnte. Diese Befreiung vom kantischen Rigorismus der Pflicht, diese Lösung vom Krampf, der meinte, die Welt selber erlösen zu müssen. Auch die von Thomas von Aquin formulierte Einsicht, daß das Gute auch das Wahre ist, daß Klugheit bedeutet, die Dinge wirklich zu sehen, wie sie sind: diese Freiheit hat mir eine ganz neue Welt eröffnet. Dann die Bejahung des Leiblichen: „Ein Mensch ist etwas Vollkommeneres als eine Seele, weil er einen Körper hat." Es gibt eine wunderbare Abhandlung von Thomas: Er nennt da unter den Heilmitteln gegen die Traurigkeit der Seele den Schlaf, das Bad, die Wahrheit, die Tränen, die Freundschaft. Daß man sich plötzlich normal und so voll menschlich geben darf: Diesen Mut zum Menschsein verdanke ich Thomas von Aquin durch die Vermittlung von Josef Pieper. Mir ging auf, was Humor ist: die eigenen Grenzen und Schwächen nicht nur sehen, sondern sie auch zu akzeptieren.

Konversion

Wie es denn zur Konversion kam, 1953? Eigentlich ganz logisch. *Wenn* man einmal an Gott glaubt, dann muß dieser Gott per definitionem unsere menschlichen Denkkategorien übersteigen. Dann kann er sich nur durch Offenbarung zu erkennen geben. Wiederum logischerweise können wir über den Wahrheitsgehalt dieser Offenbarung, die unsere endlichen Denkkategorien übersteigt, nicht selbst befinden. Es muß also etwas geben, das die Reinheit der Lehre durch göttliche Zusicherung erhält. Wenn sich das geschichtlich in der Kirche anbietet – warum soll ich es dann ablehnen? So war der Schritt zur Kirche also eine logische Folge meiner Zuwendung zum Christentum.

Natürlich war da mehr an untergründigen Strömen als der logische Schluß. Aus meiner Jugend kannte ich katholische Frömmigkeit kaum. Aber da war der erste Fronleichnamszug in Wiesbaden. Ich lief fasziniert mit. Menschen, die sich auf offener Straße hinknieten. Feierlicher Gesang, Weihrauch und Blumen. Eine goldene Monstranz.

Dann Kollege Paul, im ersten Semester. Wenn wir zusammen spazierengingen, wollte ich immer die Sakramentskapellen in den Kirchen von Mainz sehen. Die Sakramentskapellen. „Warum?" wollte er wissen, „du gehst doch nie in eine Kirche." Es war so still drin – und so kühl. Später dann, ich praktizierte schon als Ärztin, bin ich laut, inbrünstig singend, inmitten singender Bauersfrauen um die Wallfahrtskirche Kevelaer marschiert. Und wenn irgendeiner meiner ironischen Kollegen mich dabei beobachtet hätte, hätte ich gesagt: „Da staunen Sie, wie ich abstrahieren kann."

Entscheidend bei der endgültigen Begegnung mit dem Christentum war für mich dies: das Du dort zu entdecken, wo es mit dem Eigentlichen zusammenfällt. Den Sprung zu machen. Sinn kann man letztlich nur erreichen durch einen Sprung. Er ist da. Wie die Liebe schon da ist, für die, die lieben. Ob der Sprung ins Leere geht oder ob er aufgefangen wird und trägt, das kann man nicht abstrakt entscheiden, das zeigt sich im Leben. Wenn er nicht getragen hätte, dann hätte ich die Konsequenzen gezogen. Darüber bin ich mir klar. Denn so berauschend fand ich das Leben nicht, habe ich es nie gefunden. Es gibt zuviel Ungerechtigkeit, zuviel Leid, als daß man an diesem Leben hängen müßte.

Eine Liebe ist verrückt

Vertrag mit Sonderklausel

Das „alles oder nichts" war wohl schon in meinem Charakter grundgelegt. In meiner Konversion zur Katholischen Kirche lag vermutlich schon die Entscheidung zum Ordensstand. Einmal fragte ich den Jesuiten, der mich in die Kirche aufgenommen hatte, ob er meine, ich hätte eine Berufung zum Ordensstand? Er erwiderte, ausschließen könne er es nicht – ich sollte aber doch erst mal versuchen, ob ich ohne Freund auskäme. Ich hielt nicht viel von langem Warten. „Noch ein Jahr", sagte ich, „und wenn mir dann der Mann meiner Träume nicht über den Weg gelaufen ist, kann ich es dann als bewiesen ansehen, daß ich eine Berufung habe?" Pater K. meinte, es sei nicht unbedingt der eleganteste Vertrag, aber auch nicht unbedingt abzulehnen. Also: ich sollte es ein Jahr lang versuchen.

Wir standen beide in der Tür, als ich ihm sagte: „Ich habe mein Herz immer wie auf einem Tablett vor mir hergetragen, weil es nirgendwo Genüge fand. Ich glaube, dort würde es Genüge finden." Er darauf, noch einmal: Er würde doch ganz gerne den geschichtlichen Beweis dafür haben.

Ein Jahr also.

Der Gedanke, daß ich dann Gewißheit haben würde, beschwingte mich. Und dann setzte ich heimlich dem Vertrag noch eine Sonderklausel zu: ... und wenn ich aber in dem Jahr dem Mann meiner Träume begegnen würde, und mich dann trotzdem zum Ordensstand entscheiden würde, wäre das nicht noch mal besser – ?!

Wie immer es ausgeht

Es war das Jahr, in dem ich G. begegnete. Ich entsinne mich an die Zeit, an das schöne Gefühl: Wie immer es ausgeht, es wird in Fülle enden. Das hat mich in kritischen Situationen sehr bestärkt, daß ich das Gefühl hatte: Es hat sich entschieden. Ich habe immer das Gefühl gehabt, daß es keine willkürliche Entscheidung gewesen ist. Ich machte meine Medizinal-Praktikantenzeit in Winterberg, er studierte noch in Mainz. Er kam jedes Wochenende.

G. war mir geistig sehr ähnlich. Mit einem anderen hätte ich diese Phase wohl nicht durchgestanden. Anfänglich war ich unsicher, wie ich das Verhältnis gestalten sollte, um beide Freiheiten offenzuhalten. Ich sagte mir dann aber: „Das ist nicht die Frage, daß ich ihn zuwenig oder zuviel liebe. Es ist die Frage: Bist du fähig, jeden genauso intensiv zu lieben wie ihn?" Von daher ist mir die Beziehung zu ihm immer Maßstab gewesen. Auch im Verhältnis zu meinen Mitarbeitern und zu den Patienten. Oft, wenn mich jemand nachts rausholte, habe ich mich gefragt: „Wie würdest du reagieren, wenn G. es wäre?" Als ich so dachte, konnte ich auch die Intensität meiner Liebe zu G. steigern. Ich liebte ihn auch deswegen, weil ich mich durch ihn nicht in Besitz genommen fühlte. Das hatte ich vorher bei keinem erlebt: daß er fähig war, um seiner Liebe willen von sich selbst abzusehen, den anderen als Person zu wollen.

Es war nicht so, daß ich völlig gradlinig und ohne jeglichen Zweifel gelebt hätte. Ein ganzes Jahr lebte ich mit einem Bein hier und einem zweiten Bein da. Einmal, beim Abschied, sagte G.: „Du hast ein Lächeln, das verunsichert mich. Es ist doppeldeutig-grundlos. Oder es hat seinen Grund außerhalb unser beider Zuneigung."

Er hatte mehr gespürt, als ich ihm sagen konnte. Ich wußte nicht, wohin mein Leben trieb – welche Entscheidung würde Er treffen? Galt der Vertrag, oder galt die Geheimklausel zwischen uns?

Dann kam der Abend, an dem G. mich fragte. Und ich mich fern und fremd und mit unerwarteter Gewißheit sagen hörte, ich würde ja gern – ich wollte *wirklich* – aber ich könnte nicht – ich hätte eine Berufung, und mir bliebe nichts übrig, als ihr zu folgen. Und er: irgendwie hätte er das wohl gewußt. Diese gläserne Wand zwischen uns –.

Wir liefen Stunden durch den nächtlichen Wald. Am Morgen war die Gewißheit unumstößlich: Die Geheimklausel hatte gegolten. Und ich habe nie, nie daran gezweifelt, daß die Entscheidung richtig war. Als er mich gegen fünf Uhr früh an die Bahn brachte, erzählte ich ihm die Geschichte mit der Klausel.

Mein Orden

Als ich mich grundsätzlich entschieden hatte, in einen Orden einzutreten, sagte mir mein geistlicher Berater etwas, was ich nicht vergessen habe: „Es ist wichtig, in den richtigen Orden zu gehen. Mindestens so wichtig wie die Entscheidung, welchen Mann Sie heiraten, wenn Sie eine Ehe schließen."

Ich habe mich für die „Töchter vom Herzen Mariä" entschieden, eine Gemeinschaft, die nach den ignatianischen Regeln lebt. Ein Orden, der zur Zeit der Französischen Revolution als eine Art religiöse Untergrundbewegung gegründet worden war, von einem Jesuiten und einer bretonischen Adeligen, die in einen Orden eingetreten und wieder ausgetreten war, weil er ihr zu kleinkariert schien. Der Gedanke, daß Frauen allein, ohne Klausur und ohne Tracht, als Ordensfrauen in einer säkularen Umgebung leben könnten, war in der Kirche von damals nicht existent. Mir schien dies eine spannende Möglichkeit: Im Beruf stehen. Sich engagieren wo Not ist, mitten in der Welt. Ganz in der Nachfolge Christi leben, und doch Rückhalt finden in einer Gemeinschaft.

Einen weiteren Dienst erwies mir mein geistlicher Führer, als er sagte: „Wenn Sie jetzt ins Noviziat gehen, dann halten Sie diese Entscheidung für endgültig. Und sagen Sie dem Herrgott: ‚Wenn du mich raus haben willst, dann mußt du schon mit Kanonen schießen'." Das war wichtig. Denn wenn man einmal „drin" ist, dann stößt man selbstverständlich auf die Kleinkariertheiten, mit denen man bei seinen großartigen Visionen nicht gerechnet hat. Und dann war es für jemand wie mich ja nicht ganz einfach, in einer Frauengemeinschaft zu sein. Da hatte ich zunächst auch Probleme.

Ein Jahr in Paris

Ich habe ein kanonisches Jahr in Paris gemacht, im geschlossenen Konvent. (Ich ging noch als Novizin nach Karachi.) Das Noviziat dauert drei Jahre. Wir sind ansonsten in Zivil und im Beruf. Ich habe also für ein Jahr den Beruf ausgesetzt und bin ins Generalnoviziat. Eine schöne Zeit, in der ich viel lesen konnte. Es gibt ja in der französischen Kirche eine sehr progressive Richtung, aber auch eine sehr konservative. Meine Pariser Mitschwestern gehörten damals eher zur konservativen. Ich wollte z. B. den Abbé Pierre besuchen, den Lumpensammler von Paris, einfach um zu sehen, was der macht. Die Erlaubnis dazu habe ich nie erhalten. Der war viel zu sehr am Rand der Kirche. Französisch verstand ich so wenig, daß ich von den Instruktionen nicht sehr viel mitbekam. Ich hatte aber eine wunderbare flämische Novizenmeisterin. Mein Herz hat sie gewonnen, als sie einmal von ihrer Berufungsgeschichte erzählte. Sie war eine gutaussehende Frau, wenn es aber ernst wurde, blieb sie dabei: „Je suis déjà prise. – Ich bin schon vergeben." Plötzlich sagte sie, ganz versunken: „Aber Gérard. Der ißt noch heute im Gasthaus." Da wußte ich, diesen Gérard mußte sie sehr geliebt haben. Wenn ihr das so nahegeht, daß er noch heute im Gasthaus ißt. Aber sonst: Man durfte keine Partikularfreundschaften haben, niemanden auf dem Zimmer besuchen. Es war meist kalt, man heizte nur ganz wenig. Wir hatten Plumeaus, und ich setzte mich morgens damit in die Frühlingssonne. Das schien ein Weltwunder. Es gab eine Riesenaufregung.

Ich bin erst viele Jahre später wieder nach Paris zurückgekommen. Nach 26 Jahren. Da waren noch die gleichen knar-

renden Dielen, die Eisenbetten mit den dicken Plumeaus, die
verschnörkelten Stühle. Nichts von dem, was mir so spießig
und bürgerlich vorgekommen war, hatte sich verändert. Jetzt
schien es sogar alternativ.

Gehorsamsproblem oder Fachkonflikt?

Ich habe eine sehr kritische Zeit mit meinem Orden durchlebt,
in Pakistan. Was ich als fachlichen Konflikt ansah, wurde in
meinem Orden als Gehorsamskonflikt verstanden, was mir absolut nicht einging.

Paris wußte damals alles besser, ohne daß jemand in Karachi
gewesen wäre. Der Heilige Geist erleuchtete sie sogar in Leprafachfragen. Es fing an mit einer deutschen Ärztin, die in unser
Lepraprojekt in den nördlichen Gebirgsgegenden Pakistans
einstieg. Ihr Mann war UNICEF-Vertreter, der sich aber bereits
im zweiten Jahr politisch den Mund verbrannte und das Land
verlassen mußte. Diese junge Ärztin ging natürlich mit ihrem
Mann weg. Sie hatte als Hilfe zwei europäische Krankenschwestern. Ich selber war damals im „Gewerkschaftskonflikt" so
engagiert, es ging mir so dreckig wie noch nie. Ich wäre beinahe nicht über diese Zeit gekommen. Ich hatte einfach nicht
die Spannkraft, mich auch noch um diese Provinz zu kümmern, solange das nicht durchgestanden war. Ich sagte zu den
beiden, sie sollten in der Zwischenzeit die Stellung halten. Sie
waren mir angekündigt als Frauen, die auf eigenen Füßen stehen können, übernahmen aber dann die Gegend als ihr Eigentum und Königreich. Als ich nach zwei Jahren wiederkam, sagten sie, ich hätte hier nichts zu suchen. Ich hatte aber von der
Ärztin die Verantwortung übernommen und wollte mir die
Sache zumindest ansehen, ich hätte schließlich mehr Lepraerfahrung als sie. Gegen ihren Widerstand drang ich auf Inspektion.

Die Leprahelfer, die in diesem Gebiet seit 13 Jahren arbeiteten, waren bereits im Bummelstreik. Wir hatten in der Zwischenzeit in den anderen Provinzen Aufstiegschancen für diese Leprahelfer geschaffen. Nicht nur aus Gründen sozialer Gerechtigkeit. Diese Posten in einheimischer Verantwortung sind die Voraussetzung, daß das Leprabekämpfungsprogramm vor Ort funktioniert. In dieser Provinz war nichts geschehen, weil diese beiden Krankenschwestern dagegenarbeiteten. Ich drang darauf, daß sie aus dieser Provinz abgezogen würden. Darauf gab es massiven Widerstand gegen mich: von Missionaren, die mit den Schwestern zusammengearbeitet hatten und sich an den Bischof wandten, von der Generaloberin, die sich an meine Provinzoberin wandte. Schließlich kam aus Paris die Order, es wäre doch wohl besser, wenn ich, die ich Muslime verdienten Missionarinnen vorziehen und Streit in der Kirche entfachen würde, aus Pakistan wegginge.

Gott spricht auch durch Muslime

Ich war immer der Überzeugung, daß eine Liebe verrückt ist, oder sie ist keine Liebe. Es hat mich gelockt, zu „gehorchen". Einfach weil die Idee so irrsinnig war. Ich kam den Anweisungen dann aber doch nicht nach, weil ich meinen muslimischen Leprahelfern nicht zumuten konnte, meine „Verrücktheit" mit ihrer Karriere zu bezahlen.

Das Team fragte meine Oberin ganz offen, wem die Pfau denn nun eigentlich gehöre?! „Ihnen? Dem Orden? Oder nicht ebenso den Patienten – und uns, die ihr Leben auf sie und ihr Werk hin gewagt haben?" Ein Werk, das ich im Gehorsam begonnen hatte – das kurz vor der Übergabe stand und dessen Existenz in Frage gestellt worden wäre, wenn ich mutwillig den Abschied genommen hätte. Mehrere kirchliche Meinungen standen gegen die Meinung meines muslimischen Teams. Trotzdem bin ich überzeugt: Gott hat durch mein muslimisches Team gesprochen.

War die Entscheidung richtig? Nach den Folgen zu beurteilen: ja. Metaphysisch richtig? Wie kann ich das wissen? Ich habe nach bestem Wissen und Gewissen gehandelt, habe versucht, alle Argumente ernst zu nehmen – habe mich dann in dem Licht entscheiden müssen, das mir zuteil war. Auch Sich-nicht-Entscheiden wäre eine Entscheidung gewesen.

Also wird es der Herrgott wohl annehmen als im guten Glauben getan. Schließlich hat er kein Interesse daran, uns mutwillig im dunklen zu lassen. Natürlich weiß ich trotz allem nicht, ob es nicht eine andere, bessere Entscheidung gegeben hätte.

Es gibt in den Regeln unserer Gemeinschaft einen Satz, der mir wichtig ist: In einer Konfliktsituation ist, wenn es der größeren Ehre Gottes dient, der Vorteil eines Außenstehenden dem Vorteil der Gemeinschaft vorzuziehen.

Der Konflikt hat Kreise gezogen. In der Folge verweigerten mir in den Fall verwickelte Missionare sogar die Kommunion, und zwar am Altar. Ich schrieb damals an Jeannine, meine belgische Mitschwester in Karachi. Sie rief mich an und sagte: „Ich bringe dir die Hostien!" Jeannine hat in Karachi geweihte Hostien aus dem Tabernakel geholt, hat sich in den Jeep gesetzt und ist 2000 km gefahren. Von unterwegs telefonierte sie wieder. So konnte ich jeden Tag ausrechnen, wie weit sie schon gekommen war: Heute hat sie es bis dahin geschafft. Am nächsten Tag bis Arora. Morgen muß sie hier sein. Dann blieb Jeannine bei mir, gegen den Willen meiner Gemeinschaft, obwohl sie sich sehr viel schwerer damit tut, gegen Gehorsam zu verstoßen. Es hat mich tief betroffen und zugleich innig beglückt, daß Er, allen Widerständen zum Trotz, doch den Weg zu mir erzwungen hat.

Für weniger hätte ich das Leben nicht gelebt

Was das Ordensleben für mich bedeutet? Die verrückte, totale, grenzenlose, unsinnige, verschwenderische Hingabe an eine ebenso, nein: alles übersteigende verrückte, grenzenlose, unsinnige, verschwenderische Liebe. Für weniger als das hätte ich mein Leben nicht gelebt, sondern wäre ausgestiegen, endgültig und für immer.

Ob man die Evangelischen Räte heute leben kann? Sie *wer-*

den gelebt, das ist ihr stärkstes Argument. Gehorsam, Armut, Keuschheit werden gelebt in suchender, weinender, aufrührerischer, tapferer Liebe. Hundert- und tausendfach in allen Ekken der Welt, eine trotzige Liebe gegen und inmitten aller Mittelmäßigkeit und Anpassung. Wie sie zu leben sind? Darauf gibt es wohl heute keine fertige Antwort. Die hat es wohl nie gegeben – so wie die Liebe immer ein Geheimnis gewesen ist, das sich allen fertigen Antworten widersetzte. So wie wir keine Antwort hatten und haben, wie eine Ehe gelebt werden soll. Und ich glaube, beides ist geheimnisvoll verbunden: die Frage nach der ehelichen Liebe und Treue und die nach der Hingabe im Ordensstand.

Wie ich sie gelebt habe und lebe? Recht und schlecht, tastend und suchend, mal im jauchzenden Zugriff, mal im trotzigen Dennoch. Wie das konkret ausgesehen hat? Die Aufnahme ins Postulat, der Probezeit im Orden, war noch vor dem Zweiten Vatikanischen Konzil. Man kniete nieder und küßte den Boden.

Wie stand es doch geschrieben in der „Frau aus Andros", dem Buch, das mir G. zum Abschied geschenkt hatte? „... und er fiel nieder und küßte die Erde – diese Erde, die uns teuer ist über alle Maßen" –

Ich konnte mich im Glas einer Vitrine sehen und dachte amüsiert: „Das also bist du. Und dann: das Kleid steht dir gut –."

Das Noviziat war voll dieser kleinen sinnigen, unsinnigen Gesten, über vieles mußte man einfach schmunzeln, Geheimsprache unseres Flirts, ich hatte ja so viel Verrücktes schon vorher getan, unter dem Zeichen einer Liebe, die bei weitem nicht die Ausschließlichkeit der jetzigen Liebe hatte –.

Aber auch jenen Satz trage ich aus der Noviziatszeit in meinem Herzen: „Ce n'est pas pour rire, moi, que t'aime. Es ist gar nicht zum Lachen, ich liebe dich."

Das Keuschheitsgelübde ist für mich immer das zentrale Gelübde gewesen. Die Totalhingabe, deren Geborgenheit und Freiheit es uns ermöglichen, uns wehrlos und mit ungeschütztem Herzen und allen Verwundungen der Liebe auszusetzen –.

Das Armutsgelübde war mir ein ganzes Leben lang Last und Aufgabe. Ich habe es immer im Zusammenhang mit der Solidarität gesehen. Bei meinem Entschluß, in die Dritte Welt zu gehen, hat es wesentlich mitgespielt. Im Geheimnis der „Entäußerung" reicht es tief in die geistliche Dimension. Hier hängt es auch zusammen mit Keuschheit und Gehorsam.

Das Gehorsamsgelübde schließlich: Vielleicht muß es in vielen Leben, in Konfliktsituationen und im Alltag gelebt werden, ehe wir wieder eine neue gültige Formulierung finden. Wie es nicht mehr gelebt werden kann, das wissen wir alle. Wie es gelebt werden kann, entdecken wir alle Tage neu – daß es gelebt werden kann und wert ist, gelebt zu werden, würde wohl keiner von uns ableugnen.

Ein paar Dinge können gewiß schon heute gesagt werden: Es kann nur im Gespräch miteinander gelebt werden – im gemeinsamen Suchen nach Gottes Willen; es setzt Humor voraus: man muß wissen, wo und warum man wichtig ist und wo man sich gar nicht so wichtig nehmen soll; es kann nur in Freiheit und Reife gelebt werden: im inneren Abstandnehmen von ich-zentrierten Wünschen und den Träumen von eigener Geborgenheit; Dienst und Verfügbarkeit sind Werte, die wir heute fraglos unterschreiben, und sie prägen ganz wesentlich diesen Gehorsam. Aggressionen, die das Wort „Gehorsam" hervorruft, müssen noch lange nichts mit der Sache zu tun haben –.

Was also ist mir mein Gehorsamsgelübde wert? Wie sollte es heute gelebt werden? Sicher hat es mich toleranter gemacht. Warum sollte man um Dinge streiten, die es nicht wert sind? Welchen Unterschied macht es, ob ich nun samstags zum gemeinsamen Haus komme oder sonntags? Ob ich in Murree Exerzitien mache oder in Malir? In unwesentlichen Dingen nachgeben ist fraglos eine nervensparende Gewohnheit, die man sich anerziehen kann (und sollte – ob um der Familie oder um der Ordensgemeinschaft willen). Sicher hat es mich auch (beglückt-beglückend) gelehrt, daß man mit Konflikten leben und sich trotzdem gegenseitig annehmen kann; daß Frieden in Spannung gelebt und als Frieden erfahren werden kann. Daß jedes Sich-Loslassen zu einem Zuwachs an Freiheit führt. – Gelebte Freiheit. Das hat mich auch an anderen immer wieder fasziniert. Bei Helen etwa, an der nichts gewöhnlich ist oder banal.

Eine Ausnahme wie Helen

Helen kam im fortgeschrittenen Alter von 50 Jahren als Freiwillige nach Pakistan, während der Alphabetisierungskampagne: die bestaussehende Frau, die ich je gesehen habe. Sie war Privatsekretärin in einem Konzern und hatte sich als Volksschullehrerin in Pakistan gemeldet. Dann trat sie in unsere Kommunität ein. Sie ist Konvertitin. Wir haben uns dick angefreundet. Auch sie hatte eine sehr farbige Vergangenheit, ehe sie katholisch wurde. Sieben Jahre wohnten wir im gleichen Zimmer im Krankenhaus. In der Pionierperiode ging das großartig. Man kann aber nicht verhindern, daß ein solcher Apparat zu einer Institution wird. Helen warf mir damals vor, ich würde die Ideale verraten. Aber irgendwie mußte die Sache ja konsolidiert werden. Eines Tages kam sie zu mir mit dem sehr guten Gedanken, sie würde aussteigen. Sie hatte keine Fachausbildung, ich wußte nicht, wo ich sie integrieren sollte. Dann ergab sich die Möglichkeit, in eine Außenstation in Beluchistan umzusiedeln, in ein Fischerdorf an der iranischen Grenze, wo man noch nie einen Christen gesehen hatte und noch keinen Weißen. Sie sprach um diese Zeit auch überhaupt kein Belutschi. Für mich war es aber wichtig, daß wir überhaupt eine Frau in diesem muslimischen Gebiet hatten.

Ich habe sie ein Jahr später besucht. Helen hatte dort eine Kapelle. Es darf eigentlich gar kein Ausländer in diesem Gebiet Pakistans sein. Mit Ausnahme von Helen natürlich. Als ich neulich kam, empfing mich eine Delegation der Fischer und sagte, es täte ihnen furchtbar leid, aber jemand hätte bei Helen eingebrochen. Sie hätten ja nichts gegen Einbrechen, das müßte ich verstehen. Aber bei einer so heiligmäßigen Person wie Helen einzubrechen, das ginge entschieden zu weit. Wenn

man sie fragt, wie alt sie sei, sagt sie: „Zwischen 70 und 100."
Die Amerikanerinnen werden immer großartiger, je älter sie werden. Die Honoratioren des Fischerdorfes gaben bei meinem Besuch einen Empfang. Es gibt eine Station der Küstenwacht, bei der ein junger Major ist. Und Helen hatte schon immer gesagt, daß dieser Major „real adorable" sei. Die Küstenwacht hatte Alkohol geschnappt. Es herrscht Alkoholverbot. Aber natürlich wird das dann in den eigenen Reihen ausgesoffen. Sie hatten uns eingeladen, weil sie einen Whisky-Hall gemacht hatten. Wir beide waren die einzigen Frauen. Und wenn Helen einen Whisky hat, ist sie unwiderstehlich. Sie kam, leicht beschwipst, neben mich und sagte: „Du mußt dich unbedingt neben diesen jungen Major setzen. So einen charmanten Jungen wirst du nie wieder in deinem Leben sehen. Ich saß dann neben diesem jungen Major, der seinerseits Helen beobachtete und mir zuflüsterte: „Isn't she adorable?" Helen ist es wirklich. Obwohl sie jetzt „zwischen 70 und 100" ist. Ihr besonderes Apostolat sind die Frauen im Dorf. Wenn eine von ihnen mißhandelt oder beschimpft wird, dann sagt Helen dem Mann Bescheid.

Sie erhält eine kleine Rente, die, wenn sie in Rupien umgesetzt ist, eine ganz schöne Summe ausmacht, mit der sie hier und dort aushelfen kann. Sie bringt Fischerbuben Englisch bei. Es könnte ja sein, daß einer zur höheren Schule gehen kann. Wer in der Volksschule nicht mitkommt, dem gibt sie Nachhilfeunterricht im Lesen und Schreiben. Verlaufene Katzen füttert sie auch. Sie hört BBC und übersetzt die Sendungen dann ins Beluchi. Eine wunderbare Frau, rundum geglückt. Sie hilft einem Lepraassistenten, der in dieser Region arbeitet. Für ihn untersucht sie die Frauen. Wenn er selber unterwegs ist, leistet sie seiner Frau Gesellschaft. Ein ausgefülltes Leben. Gelegentlich kommt sie nach Karachi und läßt sich eine Dauerwelle machen. Dann gibt es in der Kommunität für fünf Tage morgens, mittags und abends nur Eis. Denn Helen liebt Eiscreme über alles. Aber in Beluchistan gibt es kein Speiseeis. Das Fischerdorf hat schon alles mögliche versucht. Sie bekommen Trockeneis, um die Hummer zu konservieren. Auch wenn es in diesem Dorf kein Trinkwasser gibt, dieses Eis gibt es immer. Da haben sie doch wirklich versucht, daraus für Helen Speiseeis zu machen. Ich war gerade da, als die Fischer ihr ein giftgrünes Eis brachten. Sie hatten gedacht, daß Helen entzückt sei. Und Helen war natürlich auch entzückt. Dann hat sie es nicht einmal aufgegessen. Daud, der Lepraassistent und ich waren gerade bei ihr, und wir haben es mit Todesverachtung gegessen, den leeren Teller zurückgebracht und gesagt, Helen sei begeistert gewesen. Nachdem sie ihr sagten, es sei sehr schwierig gewesen, sagte sie ihnen, sie bräuchten es auch nicht zu wiederholen. Sie war tief gerührt.

Für solch einen Außenposten muß man bestimmt eine besondere Berufung haben. Aber sie ist diese hinreißende Mischung aus gepflegter Amerikanerin aus guten Kreisen und einem unwahrscheinlichen Charakter. Ich weiß nicht, wovon sie sich ernährt. Unsere mexikanische Mitschwester, Berenice, schickt ihr jedenfalls zwischendurch Salt-Biscuits, einmal die Woche über die Flugverbindung.

Es sind Menschen wie Helen, Menschen wie Jeannine, die „anziehend" wirken auf junge Menschen. Weil sie etwas ausstrahlen.

Jeannine und ihre Mädchen

Jeannine hat ihrerseits ihre große Liebe entdeckt: zu den Mädchen, die inzwischen in unserem Noviziat sind. Wir haben jetzt Einheimische in unserem Haus in Karachi – und ein Programm für die Mädchen in der katholischen Diaspora.

Jeannine und ich waren im Fastenmonat unterwegs im Panjab. Wir mußten damals nach zehn Tagen aufgeben. Denn wenn Jeannine nicht ihre flämische Verpflegung hat, mindestens einmal am Tag, dann baut sie ab. Und so haben wir dann in diesen Fastenmonat unsere Exerzitien gelegt. Da fragten uns zu unserer Verblüffung einige der Panjabi-Priester, wieso wir bei uns keine einheimischen Mädchen aufnähmen. Wir waren in dem Glauben, in einem Land, in dem einem Mädchen noch der Ehemann zugeschrieben wird, sei eine Ordensform wie die unsere noch undurchführbar. Da sagten sie, wir sollten uns nicht täuschen. Es wüchse eine neue Mädchengeneration heran. Die wollten in Sauerteigfunktion im muslimischen Milieu leben und wirken. Unsere Ordensform würde sich dafür anbieten.

Wir fuhren also noch einmal durch den christlichen Panjab und erzählten, welche Möglichkeiten auf unserer Seite bestehen. Eine Gruppe von fünf Mädchen wollte eintreten. Aber keine hatte die mittlere Reife. Sie hatten es überall versucht. Aber es gab keine Ordenskongregation, die sie unter dieser Voraussetzung aufnehmen wollte. Da gingen wir auf die Barrikaden. Wenn unser Herrgott gewartet hätte, bis der heilige Petrus das Abitur gemacht hat, dann säßen wir heute noch ohne Kirche da. In unserer Ordensregel steht: Ein Bedürfnis, das in der Kirche von keiner anderen Ordensgemeinschaft abgedeckt wird, muß von uns zumindest angegangen werden. Das war hier offensichtlich der Fall.

Der Kardinal von Karachi war sofort Feuer und Flamme und sagte: „Sie werden ja auch nicht jünger. Fangen Sie sofort damit an."

Zunächst einmal haben wir damit begonnen, den Mädchen, die sich zum Ordensstand berufen fühlten, aber keine Schulausbildung hatten, in Karachi diese Ausbildung zu ermöglichen. Die Mädchen arbeiten halbtags im Krankenhaus mit und können auch lernen, was es heißt, in Gemeinschaft zu leben. Sie sind in der Regel zwischen 18 und 23 Jahre alt. Wenn sie sich später dazu entscheiden, nicht bei unserer Kommunität zu bleiben, haben sie immerhin Berufserfahrung und die mittlere Reife.

Nach den Erfahrungen, die wir miteinander gemacht haben, kann ich sagen: Die Gemeinschaft hat Zukunft, das Licht ist weitergegeben.

Schocktherapie

Ich denke mir häufig, wenn ich im Westen die Tendenzen zu einfacherem Leben und intensiv gelebter Gemeinschaft unter jungen Leuten sehe: Von den Orden müßte ein stärkerer Impuls ausgehen, das elementare Bedürfnis nach einem sinnvolleren Leben vorzuleben. Freilich frage ich mich auch, wie so etwas zu institutionalisieren ist. Wenn ich zurückdenke, welches charismatische Durcheinander wir am Anfang unserer Lepraarbeit hatten, und mir den aufgebauten Apparat ansehe, der sinnvoll und inzwischen wirklich notwendig geworden ist, dann ist dies vermutlich etwas, was notwendigerweise in allen Orden geschieht.

Wir mußten den Einsatz für die Lepraarbeit, der auch in der Form noch ungewöhnlich ist, wie er heute geschieht, lebbar machen: nicht nur für eine Handvoll, sondern für eine Vielzahl.

Orden sollen eine ‚Schocktherapie des Heiligen Geistes' für die Kirche sein. Man kann aber nicht immer nur unter dem Eindruck des Schocks leben. Wenn eine Sache freilich „läuft", dann sollte man sich durchaus wieder nach neuen Einflugschneisen des Heiligen Geistes umsehen. Es gab vor einigen Jahren bekanntlich eine große Zahl von Ordensaustritten. Da hat sich durchaus nicht immer jemand in einen anderen verliebt. Nicht die seltenste Motivation für einen Austritt war, daß man radikaler Christ sein wollte. Was uns aber alle sehr nachdenklich gemacht hat: Sowohl die, die ausgestiegen sind, wie auch uns, die wir drinnen geblieben sind: Ein Neuansatz scheint nirgends geglückt zu sein.

Es ist mir nahegelegt worden, mehrmals. Es ist Jeannine nahegelegt worden, kürzlich: Wir sollten doch etwas Neues versuchen. Doch das ist nicht unser Weg. Denn dagegen spricht: Wir leiden doch alle stark an unserer Traditionslosigkeit, an unserer Wurzellosigkeit.

Daß Tradition ein großer Wert ist, ist mir erst wieder in Maria Laach deutlich geworden. Zu diesem Kloster habe ich gute Beziehungen. Hier sammeln sie immerhin ein Drittel unseres

Jahres-Budgets. Viele leiden hier auch unter der Last der Tradition, nicht nur die jungen Mönche. Vor wenigen Jahren saß ich mit einer Gruppe von ihnen unter der Blutbuche. Sie hatten mich eingeladen zur Dienstagsgesprächsgruppe. Einer fragte mich, was ich so dächte, wenn ich nach jahrzehntelanger Solidarität mit den Armen diesen Kult und Pomp sähe in Maria Laach. Ihm sagte ich, ich sei ihnen so dankbar, daß sie mit ihrem Leben die Wände des einstürzenden Sakralraumes stützten und ihn so für uns erhielten. Wo fänden wir denn sonst das Gut der Tradition wieder? Welchen Eindruck hatte die erste Begegnung dem Teenager damals gemacht! Das hohe romanische Gewölbe, Mönche, junge und alte die das Gotteslob in feierlichem Latein sangen, in getragener Gregorianik. Eine Welt, von der ich damals nicht einmal gewußt hatte, daß es sie noch gab, wirklich, wahrhaftig, heute noch durchgetragen von Menschen meiner Generation.

Ich bin kritisch gegen das nur Neue. Gerade wenn ich zurückblicke in die Geschichte und die „jungen Orden" sehe. Ich habe einen erlebt in Pakistan, eine holländische Gemeinschaft. Davon ist nichts mehr da. Hier gilt, was mir auch das Gehorsamsgelübde so wertvoll macht: Wir sind darauf angewiesen, daß andere Kräfte uns speisen. Unsere eigene Zeit ist arm an Nachschub. Ich hätte anfangs in Pakistan nicht durchgehalten, wenn ich nicht im Gehorsamsgelübde gekommen wäre. Auch da hat mich etwas getragen und gehalten, was außerhalb meiner eigenen individualhistorischen Nachschublinie lag. Theologisch gesagt: Es ist eine Gnade, die von sich aus wirkt.

Tradition und Engagement sind für mich keine Alternativen. Ebenso wie Spiritualität und soziales Engagement für mich zwei Aspekte von einer und derselben Sache sind. Das steht im Jakobusbrief und in der Bergpredigt: „Ich war hungrig, und ihr habt mich gespeist."

Ich bin leidenschaftlich an konkreten sozialen Lösungen interessiert. Auch hier. Trotzdem weiß ich nicht, wie weit wir Ordensleute uns hier in Detailfragen einlassen sollen. Haben nicht heute, wo alle Probleme sich derartig differenzieren, die anderen auch das Recht, von uns zu verlangen, daß wir die Spiritualität nicht aus dem Blick verlieren? Daß wir, sozusagen, auf diesem ureigenen Gebiet etwas Besonderes zu sagen haben?

Spiritualität ist freilich nichts Esoterisches. Nichts ist außerhalb Seines Blicks, alles geschieht auf Ihn hin, das Große Du. Ich versuche, meine Aufmerksamkeit, mehr: mein Leben, immer wieder darauf zu konzentrieren. Im Alltag. Wenn ich unterwegs bin. Im Gegenüber von Menschen. In der Betrachtung der Schrift. Im Zuleben auf den Tod.

Nachfolge

Wichtig ist für mich die Wegerfahrung. Es gibt einen Weg nach Astor, so selbstmörderisch und lebensgefährlich, daß selbst die erfahrensten Jeepfahrer vorher gedopt sind. Man fährt so einen Weg nur, wenn man entweder sechzehn ist oder später, wenn man Chunza-Wasser getrunken hat. Es gibt aber nur diesen Weg. Auf der Hinfahrt ging das noch ganz gut. Wir wußten nicht, was vor uns lag. Dann war unser Einsatz beendet, wir mußten wieder zurück. Sonst kann ich unter allen Umständen schlafen. Aber in dieser Nacht habe ich nur gedacht: Um Himmels willen, dieser Weg! Wie sollen wir zurückkommen?

Es war der 13. Mai, 20 Kilometer lagen vor uns. Mindestens 20 Kilometer, vor denen wir zitterten. Dann hatte es aber in dieser Nacht ein wenig getröpfelt. Als wir losfuhren, war ein Jeep vor uns gefahren. Der hatte Radspuren hinterlassen. Wenn man im Wagen sitzt, sieht man nur den Abgrund. Der Jeep ist ja ein wenig breiter als die Radspuren. Da aber vor uns ein Wagen gefahren war, konnte man sehen, daß selbst an den engsten Stellen die Straße breit genug war. Zumindest so breit, daß er gerade noch mit den Rädern durchgekommen war. Ich starrte 20 Kilometer fasziniert auf diese Radspuren und dachte: Der ist ja auch durchgekommen.

Dann kommt man um die Ecke und sieht die Hängebrücke vor sich und eine ganz enge Schlucht, durch die der Wind ständig faucht. Die Brücke bewegt sich infolgedessen, und man muß davorstehen, bis sie kommt, und den richtigen Augenblick abwarten, um mit den Rädern draufzufahren, damit sie stabilisiert wird. Aber auf der anderen Seite, da weitet sich alles, da ist das Abenteuer vorbei.

Mir ging in diesem Moment etwas auf, was ich nie wieder aus dem Kopf brachte: die Frage der Nachfolge. Du läufst ja nur hinterher. Wenn Er es geschafft hat, warum sollst du es nicht schaffen? Er hat es sogar garantiert: „Ich bin der Weg!" Ich weiß nicht, wie man im Westen eine solche Urerfahrung vermitteln kann.

Lebendiges Wasser

Oder Wasser: „Sindapany, sindapany – Lebendiges Wasser", sagen die Pakistani. Sie finden Wasser und nennen es: „lebendiges Wasser". Wenn man drei Wochen das abgestandene Regenwasser vom Vorjahr getrunken hat, weil es das einzige ist – und plötzlich fährt man durch einen dieser kleinen Bäche. Dann halten die Landrover an, und alles stürzt heraus: „Sindapany, sindapany – lebendiges Wasser, lebendiges Wasser."

Oder ich erinnere mich an einen Flug nach Islamabad. Man fliegt über die Wüste. Plötzlich wird es grün. Man sieht noch nicht, warum. Man fliegt ein wenig weiter und überfliegt den Indus. Und dann weiß man plötzlich, daß wirklich nur das lebendige Wasser das Leben erweckt. Der Indus ist die häßlichste, schlammigste, enttäuschendste Brühe, die man sich vorstellen kann. Und es blüht trotzdem rundum.

Warum sollte man hierin nicht auch die menschliche Seite der Kirche sehen?

Gott hat Humor. Er kann aus schlammigem Wasser blühendes Leben erwecken.

Geopfert in die Vergeblichkeit

Der Indus ist faszinierend. Er entspringt ganz oben in den indischen Bergen. Was mich in Pakistan an ihm so tief enttäuscht hat, ist eine kilometerlange Schlucht, eine reine Felsenwüste. Daß es das Wasser gibt, hat dieser Landschaft überhaupt nichts ausgemacht. Wenn der Indus Schlamm und Erde anschwemmt, reißt er alles mit der nächsten Schneeschmelze wieder weg. Auf diese Weise hat er sich durch seine Gewalt ein tiefes Felsenbett gegraben. Man kann das Wasser auch nicht hochpumpen, da es an Energiequellen fehlt. Es ist für das Himalajagebiet also völlig nutzlos. Alles schreit nach Wasser, verdorrt, und unten gurgelt und braust es, ohne irgend jemandem zu helfen. Man kann aber von der Indusschlucht hochsehen bis zu den Gletschern. Da entspringen viele kleine Bäche. Sie haben aber nicht genügend Wasser, um sich durchzusetzen, bis sie den Indus erreichen. Sie versickern irgendwo in der Höhe. Aber da, wo sie versickern, bis herunter zum Indus, findet man eine grüne Linie: bewachsen von Bäumen und voll saftigem Grün. Durch den Indus da unten, der sich so lärmend aufspielt und sich so gewalttätig durchsetzt, durch den geschieht überhaupt nichts. Beim Gletscherbach, der es versucht und nicht geschafft hat, da blüht es, sind Sträucher, sprießen die Blumen. Er hat sich geopfert in die Vergeblichkeit, hat Leben geschaffen an seiner Strecke: Solche Erfahrungen mache ich in Pakistan auf Schritt und Tritt.

Ich habe immer als Frau geglaubt

Natürlich habe ich mein Leben nur als Frau leben können – und so auch Anrufe nur als Frau erfahren können – was anders wäre in Frage gekommen? Trotzdem habe ich Jahre, Jahrzehnte gebraucht, um mich ganz mit meiner Rolle als Frau zu identifizieren – ich habe erstaunlich lange und immer wieder die Bewunderung eines Mannes nötig gehabt, um mich als Frau zu akzeptieren. Jahre, Jahrzehnte in mein Ordensleben hinein brauchte ich die Bestätigung, daß ich ja „auch anders gekonnt" hätte. Daß der Entschluß die freie Option für das „je Größere" war (woran ich im Grunde niemals gezweifelt habe – irrationalerweise). In meine Mutterrolle bin ich Patienten gegenüber sehr rasch hineingewachsen; meinen „Jungs" (sprich: Lepra-Technikern) gegenüber erstaunlich spät; meinen Verhandlungspartnern gegenüber ergibt sich erst in letzter Zeit ein kollegiales Verhältnis, frei von emotionalen Obertönen (wenn auch nicht frei von menschlichem Interesse!). Insofern habe ich mein ganzes Leben als Frau gelebt – wie sollten da die eigentlichen, die tiefsten Schichten meines Wesens davon ausgenommen sein?

Ich habe immer bewußt als Frau geglaubt. Ich reagiere immer noch als Frau auf die Du-Begegnung mit Christus.

Der Reiter auf dem weißen Pferd

Eine entscheidende Bedeutung hat für mich der Tod, genauer gesagt: die Wiederkunft. Der Tod ist für mich nicht der Sensenmann, sondern der Reiter, der auf mich wartet. Der „Reiter auf dem weißen Pferd" gehört zu den prägenden Vorstellungen und den entscheidenden Chiffren meines eschatologischen Glaubens. Bis zu dem Moment, daß ich oben auf einem Berg stehe und mir vorstelle, daß ich Ihm unten entgegenlaufen könnte. Das spielt auch eine starke Rolle in meiner Todesbereitschaft. Das ist es, worauf ich im Grunde immer gewartet habe und wofür ich bereit bin: „Der Reiter auf dem weißen Roß." Der Tod hat für mich eine Faszination, nicht das Sterben. Vor dem Sterben habe ich dasselbe Grauen wie jede Kreatur. Im Tod aber sehe ich die endgültige Faszination, die Faszination, jemand endlich in die Arme zu fallen, um den ich ein Leben lang geweint habe. Ich trage auch als Ordensnamen „Maria Magdalena von der Wiederkunft". Zwischendurch habe ich einmal gedacht, ich hätte einen anderen wählen sollen: „Maria Magdalena von der Menschwerdung". Inzwischen bin ich überzeugt, daß ich richtig gewählt habe.

Mein Verhältnis zum Tod hat sich nicht so herausgebildet, weil ich häufig in gefährlichen, wirklich lebensgefährlichen Situationen stand. Es ist eher umgekehrt. Sicher: Ich war realen Todesgefahren so oft ausgesetzt, daß ich mich einfach damit habe auseinandersetzen müssen. Ich mußte es zumindest rückwirkend. Wie es dann in der realen Situation und der Begegnung mit dem Sterben wäre, das weiß ich natürlich nicht. Gewisse Todesarten gibt es, die ich nicht sterben möchte: z.B. im Dunkeln irgendwo abstürzen, wo es Hyänen gibt. Ich habe da schon meine Vorzugssterbeformen.

Zwei Jahre lang stand ich unter der Fehldiagnose einer Krankheit, genauer: unter einer Diagnose, die sich dann auf eigenartige Weise nicht bewahrheitet hat. Ich habe damals unter dem berechtigten Eindruck gelebt, daß diese zwei Jahre die letzten meines Lebens seien. Es war die schönste und glücklichste Zeit meines Lebens. Ich war damals im Herbst im Norden des Landes, es sah so aus, als sei es meine letzte Fahrt. Wie habe ich die goldene Schönheit der über die Nußbäume wachsenden Reben genossen! Eine Kostbarkeit, eine Durchsichtigkeit, die aus der Vergänglichkeit rührt. Wenn das hier schon so ist, war meine Empfindung, wie wird es dann erst sein, wenn das Eigentliche auf einen zukommt.

Seine Nähe

Wenn ich unterwegs bin, in dieser Situation der totalen Ausgesetztheit und der Todesnähe, ist für mich Seine Nähe wichtig. Eucharistie, diese Gegenwart im Brot, fasziniert mich. Hier erlebe ich Menschwerdung. Ich habe vom Kardinal von Karachi inzwischen die Erlaubnis, die geweihten Hostien bei mir zu tragen. Diese Möglichkeit, so intensiv zu erfahren, daß Er mit uns ist! Wenn ich drei Monate im Außendienst unterwegs bin, ist es immer ein Abenteuer:

Was mache ich mit den Hostien, wenn ich schlafe. Unter das Kissen? Ich kann es gar nicht wagen. Da gibt es die Katzen, die Ratten, die Mäuse. Ich kann das ja auch keinem erzählen. Ich bin ja der einzige Christ im Team. Diese totale Einsamkeit. Aber auch dieses Unkomplizierte und Natürliche.

Vor einiger Zeit, in Ranikot. Wir hatten einem ZDF-Team gesagt, sie könnten filmen, wenn sie sich einem normalen Arbeitsprogramm anschlössen. Sie kamen vom Kirchenfunk, und ich dachte, ich nehme besser genügend Hostien mit, vielleicht kann man gemeinsam eine eucharistische Feier halten. Wir gingen nach Ranikot – 14 Tage zu Fuß durch ein Stammesgebiet, ein ödes Hochtal – kahle Bergpässe – nachts schlief man fröstelnd auf bloßer Erde, morgens eine Tasse Tee, zweimal am Tage eine Handvoll Reis. Es stellte sich heraus, daß es unmöglich gewesen wäre, am Abend etwa gemeinsam zu kommunizieren – dazu sind wir Deutschen einfach zu kompliziert. Und zu verlegen. Und dann gingen Azadars Sandalen kaputt. Azadar ist der für dieses Gebiet verantwortliche Lepraassistent. Wir hatten nicht einmal einen Bindfaden dabei – die einzige Schnur war die, mit der ich in einem Ledertäschchen die Hostien um den Hals trug. Ich schnitt die Schnur ab – wir reparierten Azadars Sandale – ja, und dann wußte ich nicht so recht, was ich mit der Kapsel tun sollte. Ich wagte nicht zu garantieren, daß ich in den ermüdenden Märschen und erschöpften Abenden zu jeder Zeit an eben jene Tasche in meinem Gepäck denken würde.

Ich hatte noch elf Hostien, und ich beschloß, sie alle auf einmal zu mir zu nehmen. Da stand ich also in der endlosen Stille der Hochebene von Ranikot, der Abendhimmel hoch und schweigend über den violetten Felsenhügeln, und dachte, bist du wahnsinnig?! *Warum* glaubst du das??!! Ich halte mich für eine intelligente und normale Frau – was um Himmels willen hatte mich dazu gebracht, diese total irre Behauptung zu *glauben:* daß Gott – Gott – *Gott* – – – in diesem Brot gegenwärtig sei. Leibhaftig gegenwärtig. Verrückt. Aufreizend, irre, total verrückt. Seit 2000 Jahren geglaubt. Und auch in mir fand sich kein Nein. Ich kommunizierte in hilflosem Aufruhr –.

Du darfst nicht *so* sein. Eine vernünftige Liebe ist keine Liebe, Liebe muß verrückt sein, aber selbst da gibt es Grenzen.

Nein. Es gibt keine.

Mehr als eine Krankheit

Ich habe noch nie eine Lepra gesehen

Lepra – wie sieht das konkret aus? Vor Ort? In Pakistan?

Eine Antwort auf diese Frage gibt ein kurzes Miterleben einer Unterrichtsstunde für die in der Ausbildung befindlichen einheimischen Lepra-Techniker.

„*Leprosy*" (= Lepra) schreibt Dr. Ashfag, der für die Ausbildung verantwortliche einheimische Arzt, mit seiner klaren, zügigen Handschrift an die Wandtafel. Dann streicht er das Wort mit zwei energischen Strichen wieder durch.

~~LEPROSY~~

steht jetzt auf der Wandtafel.

„Ich habe noch nie eine Lepra gesehen", sagt er zu seinen konsternierten Schülern. „*Ich habe noch nie eine Lepra gesehen.*" – Verblüfftes Schweigen –. Dann eine Bewegung in der zweiten Reihe. Gul Haider steht auf. „Stimmt", sagt er mit verschmitztem Grinsen, „ich auch nicht, nur Leprabazillen und Leprapatienten". Amüsiertes Lachen im Klassenzimmer. Darauf der Schüler Yaseen, ernst werdend: „... deshalb müssen wir auch immer daran denken, daß wir keine *Krankheit* behandeln, sondern *Menschen.*"

Das muß man wissen, wenn man medizinisch über diese Krankheit spricht. Eine Infektionskrankheit, hervorgerufen durch ein dem Tuberkelbazillus verwandtes Bakterium. Lepra ist nicht vererbbar. Lepra ist weniger ansteckend als Tuberkulose. Lepra ist heilbar. Je früher die Krankheit erkannt wird, desto besser sind die Aussichten auf Heilung. Heute kann Lepra sogar im fortgeschrittenen Stadium zum Stillstand gebracht werden. Schätzungen gehen von 15 bis 20 Millionen Leprakranken in der Welt aus.

Als Symptome treten Gefühllosigkeit, Hautausschlag und Nervenverdickung auf. Die Inkubationszeit beträgt normalerweise drei bis fünf Jahre. Sie kann aber auch länger als 20 Jahre dauern. 20 Jahre, nachdem der letzte infektiöse Leprafall festgestellt wurde, muß die Bevölkerung noch regelmäßig durch Kontrolluntersuchungen erfaßt werden. Die Behandlungsdauer der Lepra beträgt im ersten Stadium rund fünf Jahre, im fortgeschrittenen Stadium jedoch 10–20 Jahre. Jahrelang müssen auch die „Geheilten" beobachtet werden.

Von der Geißel Gottes getroffen

Lepra ist eine schreckliche Krankheit, bösartig, grausam. Eine Krankheit, die den Körper zerfrißt, zerstört, allmählich zerfallen läßt, wenn nichts dagegen unternommen wird. Zunächst hat man nur einen hellen Fleck auf der Haut. Man sticht hinein: Es tritt Blut aus, aber der Kranke spürt keinen Schmerz. Gefühllosigkeit, das ist der Anfang.

Ich erinnere mich noch an die Anfangszeiten im „Dispensary", an den fast aussichtslosen Kampf. Nachts krochen die Ratten durch die Wände der Holzhütten und fraßen die Leprakranken an. Da die Nerven taub sind, spüren sie nur einen Schnitt, einen Stich, einen Biß. Nicht mehr.

Die Ratten gingen aber auch an die – gesunden – Säuglinge. Und dann nach drei, vier Jahren Inkubationszeit gab es neue Lepröse. Kinderaussätzige.

Ebenso ungeheuerlich, wenn nicht schrecklicher ist die gesellschaftliche Ächtung der Kranken. Die panische Angst vor der Ansteckung. Und die Stigmatisierung der Kranken als Sünder: getroffen von der Geißel Gottes. Man versucht, die Krankheit zu verheimlichen. Ein Sari deckt viel zu. Aber nach einem Jahr ist aus dem kleinen hellen Flecken eine fausttiefe, eitrige Wunde geworden. Dann bildet sich das Bein zurück, verfault der Arm. Josef Reding, der uns damals mit einem kleinen Fernsehteam in Karachi besucht hat, als wir noch am Anfang unserer Arbeit standen, war entsetzt, als er sah, was mit den von den Angehörigen verjagten, von der Polizei aus den Stadttoren hinausgeknüppelten Leprösen geschah, die sich zu Tausenden vor der Stadt zusammengetan hatten, auf dem nackten Erdboden, in einem Pferch aus Kisten und Bambusstäben, und warteten: „Warten worauf? Warten auf das Sterben. – Aber das Sterben dauert lange bei der Lepra. Zehn, zwanzig Jahre vielleicht. Der Aussatz tötet den Menschen nicht unmittelbar. Er reißt den Körper des Menschen auf, macht ihn anfällig für alle anderen Krankheiten, die dann in den offenen Leib hineinfallen können wie in ein unverdecktes Gefäß."

Panischer Schrecken

Die Isolierung von Leprakranken wurde jahrhundertelang praktiziert. Heute ist sie fast überflüssig, weil es neue Heilmittel gibt. Aber man muß mit den Vorurteilen leben. Sie sind so tief verwurzelt. Auch wenn man sie vielleicht rational korrigiert, sind sie damit existentiell noch nicht aus der Welt geschafft. Selbst bei aufgeklärten Leuten. Ein junger pakistanischer Arzt etwa, der uns zwischendurch in der Leprakolonie half, tat dies nur unter der Bedingung, daß kein Mensch davon erfahren dürfe. Er hätte seine Stelle verloren, wenn durchgesickert wäre, daß er mit Aussätzigen arbeitet.

Einmal kam ein Patient zu mir, der eine so starke Blutvergiftung hatte, daß er unbedingt operiert werden mußte. Ich bin von Pontius zu Pilatus gelaufen. In einem Telefonbuch fand ich einen Orthopäden, der auch ausgebildeter Chirurg war. Dieser Kollege, den ich ansprach, ob nicht irgendwo operiert werden könnte, dem ich nach deutscher Sitte die Hand schüttelte, stand auf und wusch sich die Hände. Sicher ein Reflex. Er wollte mich nicht persönlich beleidigen.

Ich erinnere mich an eine pakistanische Ärztin, die selber leprakrank war. Jahrelang war sie falsch behandelt worden. Sie brach zusammen, als sie erfuhr, daß sie Lepra habe. Obwohl sie sich in einem Stadium befand, in dem es leicht ausheilbar war. Ich hatte Angst, sie würde sich etwas antun. Wir baten sie dazubleiben, haben sie zum Essen eingeladen. „Aus Versehen" verwechselte ich die Wassergläser. Aber so, daß sie es merkte. Nur um ihr zu zeigen, daß wir an Lepra überhaupt nichts finden. Sie sagte beim nächsten Besuch (eine Zeitlang war sie fast jeden Abend unser Gast): „Ich habe die ganze Literatur gelesen. Alle diese Informationen sind nicht stark genug, um mein Kindheitsgrauen aufzuwiegen. Ich war die Jüngste in der Familie und durfte den Bettlern immer das Almosen an die Gartentür bringen. Einmal war ich gerade dabei, da rief meine Mutter kreischend hinter mir her, zerrte mich in panischer Angst zurück: ‚Weißt du nicht, daß du dem nicht helfen darfst?' Es war ein Aussätziger. Das sitzt so tief in meinem Herzen, daß alle Fachliteratur dagegen nicht ankommt."

Eingemauert

Ein erschütterndes Schicksal war das von Adina, einem 14jährigen Mädchen aus dem hohen Norden Pakistans. Adina, die von der Dorfbevölkerung zwei Jahre in einer Höhle gefangengehalten wurde, weil sie Lepra hatte. In einer Felsenhöhle, zweimal zwei Schritte im Geviert. Davor eine übermannshohe Steinmauer. Der Vater hatte seine eigene Tochter aus dem Haus verstoßen. Von der Familie und den Bewohnern ihres Dorfes wurde sie hier eingemauert, in Serbal, einem Weiler nahe der Grenze zu Battistan. Hier haben wir sie im Jahr 1980 gefunden.

Ich kletterte auf einen Steinvorsprung. Im Höhleneingang erschien ein Wuschelkopf und verschwand gleich wieder. Ich streckte meine Hand über die Mauer. Drüben legte sich eine heiße Kinderhand hinein. „Gut", dachte ich, „die non-verbale Kommunikation scheint zu klappen." – „Wie komme ich da herein ... über die Mauer klettern?" fragte ich Abdullah, unseren Leprahelfer. Er entgegnete: „Ich fürchte, es gibt keinen anderen Weg." Ich kletterte auf die Mauer und sprang in die Grube hinab. Und da lag Adina auch schon in meinen Armen, gerade dem Kindesalter entwachsen, halbnackt, zitternd in der Kälte. Wir hockten in dem kahlen Steingeviert und lächelten einander an. Ich zog meinen Pullover aus, das Mädchen stülpte ihn sich eilfertig über, zog ihn befriedigt bis über beide Knie. Ich hatte noch ein Bonbon in der Tasche. „Dawai" (= Medizin), sagte es, und versuchte es gehorsam mit dem Papier herunterzuwürgen. Ich lachte und wickelte es für sie aus. Ich fand noch drei weitere Bonbons in meiner Jackentasche. Sie verschlang sie mit gleicher wilder Gier. „Mitai" (= Süßigkeit), verbesserte sie sich befriedigt: soweit ging unser gemeinsamer Sprachschatz. Dann begann ich mit der Nachuntersuchung. Die Besprechung mit den Dorfältesten verlief stürmisch. Ein Dutzend Männer saß in der Runde. Die meisten hatten, auf der Steinmauer hockend, das Schauspiel schweigend mitverfolgt. Ich ließ keinen Zweifel an meiner Reaktion zu ihrem Verhalten. Wer meinem Gespräch in Urdu nicht folgen konnte, für den übersetzte es Abdullah in ihr einheimisches Khoar. Und trotzdem – es hätte langfristiger, geduldiger Aufklärungsarbeit bedurft, um dem Mädchen ein erträgliches Leben in der Dorfgemeinschaft zu ermöglichen. In drei Wochen wird die Gegend durch Schneefall abgeschnitten sein. Wer will dann nachschauen, was geworden ist? „Gebt uns Adina, wenn ihr sie nicht haben wollt!" schließt Abdullah die Verhandlung ungeduldig.

Seither bemühten wir uns um einen Jeep, um das Mädchen nach Gilgit mitzunehmen.

Ja – Adina ... es war ein Drama. Das Mädchen konnte kaum noch laufen. Seine Muskeln waren durch die lang erzwungene Ruhe so geschwächt. Wir brauchten drei volle Tage, ehe wir mit dem Jeep (dessen Vergaser verstopft, Zündkerzen abgenutzt und Benzin verschmutzt waren) Gilgit erreichten. Adina lernte in vier Tagen, Sheena zu sprechen (die Umgangssprache in Gilgit). Am fünften Tag setzte sie sich in einen Jeep und fuhr los. Als wir sie schließlich einfingen, sagte sie, sie hätte jetzt Sheena gelernt, was nun dran käme ... In der Zwischenzeit hat sie sich in Abdullahs Familie eingewöhnt und lernt eisern das Laufen.

Adina ist ein Beispiel dafür, was möglich ist, was Unkenntnis anrichten kann, was Hilfe vermag. Doch sie ist nur *ein* Beispiel. Es gibt Tausende.

In die Wüste verjagt

1982. Wir waren unterwegs in Ranikot mit einem deutschen Fernsehteam. Um die Ausrüstung zu transportieren, brauchten wir ein Kamel. Unser Kameltreiber erzählte uns die Geschichte der Lepra in diesem Hochtal.

Er könne sich noch entsinnen – es sei 15, höchstens 20 Jahre her –, als die Nachricht wie ein Lauffeuer durchs Tal eilte: Einer der Stammesangehörigen sei an Lepra erkrankt. Man verbot dem Erkrankten den Zugang zum Brunnen ––. Ein Todesurteil in dieser dürren, steinigen Hochebene, ein Todesurteil für den Mann und seine Herden. Man vertrieb die Familie in den äußersten Winkel des Hochtales, aus dem es kein weiteres Entkommen gab. Dort grub der Leprakranke mit seinen zwei Söhnen einen eigenen Brunnen. Man muß die Brunnen in Ranikot gesehen haben, um zu ermessen, durch welche Ängste und Erschöpfungen die Familie gegangen sein muß, ehe schließlich der Lebenswille das schier Unmögliche vollbrachte: den Brunnenschacht tief genug zu treiben, um endlich auf Grundwasser zu stoßen.

Der erste Leprapatient starb, ehe unser Team dieses Hochtal erreichte; damals wußten wir noch nichts von Ranikot, den Gabol Balodj und ihren Problemen. Der Sohn hatte sich angesteckt und eine infektiöse Lepra entwickelt. Für ihn kamen wir noch rechtzeitig genug; er ist heute symptomfrei und kann wieder an allen Brunnen seine Herden tränken. Seinen Sohn wiederum, ein Junge von neun Jahren, hatten wir als Frühfall diagnostiziert – ihn konnten wir im nächsten Jahr als geheilt aus der Behandlung entlassen. Schließlich hat auch die Mutter, die Frau des ersten Leprakranken, Frühsymptome der Krankheit gezeigt. Auch sie wird in absehbarer Zeit aus der Behandlung entlassen.

Seit Fateh Mohammed unter Aufbietung seiner letzten Kräfte den Brunnen grub, hat sich die Leprasituation im Hochtal grundlegend geändert: Seit drei Jahren sind nur Frühfälle aufgetreten. Auch auf dieser Fahrt, in deren Verlauf wir das Gebiet noch einmal sehr sorgfältig durchkämmten, haben wir nur zwei Neufälle entdeckt, beide im allerersten Stadium der Krankheit. Heute kann man offen über die Krankheit sprechen, offen zur Behandlung kommen: jeder in Ranikot weiß aus persönlicher Erfahrung, daß Lepra heilbar ist. So ist auch das Heiratsverbot für Leprakranke, das der Stamm verhängt hatte, schon seit langem wieder aufgehoben.

Allerdings gilt diese erfreuliche Entwicklung nur für das Haupttal von Ranikot. Als wir diesmal begannen, auch die Nebentäler durchzukämmen – die noch schwieriger zu erreichen sind – fanden wir im Laufe eines Tages sechs neue unbehandelte Leprafälle!

Hashim

Hashim wuchs in einem Fischerdorf am Arabischen Meer auf. Jene Fischerdörfer, die sich, verloren zwischen der Unendlichkeit des blauen Ozeans und der unendlich sich hinziehenden Sand- und Felsenwüste, in die Flanken eines kahlen Felsenriffes ducken, dort, wo es eine Süßwasserquelle gibt, um die sich das Leben des Dorfes dreht wie um die Fischerboote.

Großartig, feindselig und abweisend – das sind die gemeinsamen Merkmale von Meer und Wüste. Wer aus der Dorfgemeinschaft ausgestoßen ist, dem stehen nur die Gefahren des Meeres und die der Wüste offen.

Hashim erkrankte, als er sechs Jahre alt war. Mit acht Jahren ließ sich die Krankheit schon nicht mehr verheimlichen: Das aufgedunsene Gesicht, die unförmigen Ohren, die Wunden an Händen und Füßen hatten ihn, für jeden erkennbar, gezeichnet. Die Mutter versuchte, den Jungen im Hause zu verstekken. Aber wer kann schon etwas geheimhalten in einem Dorfe, das nur aus 20, 30 Hütten besteht? Wo jeder auf jeden angewiesen ist? „Ich entsinne mich noch, als wir Jungen waren, wie wir Hashim mit Steinwürfen verjagten, sobald er wagte, sich unserer spielenden Gruppe zu nähern", erzählte mir zwölf Jahre später der zum Dorfhäuptling herangewachsene Altersgenosse von Hashim.

Es ließ sich nicht mehr verheimlichen. Die Familie wurde unter Druck gesetzt. Die Dorfgemeinschaft trieb Hashim in die Wüste. Der älteste Bruder baute ihm eine kleine Lehmhütte und versprach, ihm Wasser und Essen zu bringen. Das war möglich, solange nicht der Sandsturm wütete.

Einmal wurde der Junge noch im Bazar gesehen. Dort, wo man den Fischfang nach Rückkehr der Boote versteigert. Dann war jede Spur verwischt. Der Bruder fand die Hütte leer, zusammengestürzt. Die Dorfbewohner, die abends am Feuer zusammensaßen am Strande, erzählten den zurückkommenden Bootsinsassen, daß Hashim das gleiche Schicksal getroffen habe wie andere Aussätzige vor ihm: daß die wilden Tiere getan hatten, was die Dorfgemeinschaft nicht tun konnte.

Ein Dorf, das überleben will in diesen Gebieten, muß hart sein. –

Hashim hat mir nie erzählt, was er als Kind in diesen verlassenen Nächten in der Wüste gelitten hat. Wenn ich das Gespräch vorsichtig auf die Zeit zu bringen versuche, winkt er ab. „Gott ist gut zu mir gewesen", sagt er, „er hat mich nach Karachi gebracht, und dort habe ich meine zweite Mutter gefunden." Eine Kamelkarawane hatte den halb bewußtlosen Jungen damals irgendwo in der Wüste aufgefunden. Irgendwie kam er nach Karachi. Wie, entsinnt er sich selbst nicht mehr so recht. Auch ich weiß nicht mehr so recht, wie er eigentlich ins Krankenhaus kam. Es geschieht zu oft, daß irgend jemand einen Patienten ins Krankenhaus trägt und dann verschwindet. Wir fragen nie, woher jemand kommt; wenn er schwer krank ist, wird er in ein Bett gebracht, und die erste Frage wird vielleicht nach zwei, drei Wochen gestellt – oder gar nicht. Damals dachte ich, Hashim sei ein alter Mann, so hatte ihn die Krankheit verwüstet. Er sprach kein Urdu und ich kein Beluchi; außerdem war es uns beiden in den ersten Wochen kaum nach einer Unterhaltung zumute; dazu war er zu krank und ich zu angespannt: Wir hatten keine Hoffnung, den Jungen, der sich eine schwere Nierenkomplikation zugezogen hatte, zu retten.

Warum er schließlich die Krankheit überlebte, an der so viele meiner Patienten in den ersten Jahren starben, als wir die Leprapatienten noch im letzten Stadium bekamen? Hashim hat eine Erklärung bereit, gegen die auch wir Ärzte kein Gegenargument vorzubringen wissen: „Gottes Ratschluß." Ich entsinne mich noch, wie ich schließlich nicht mehr zusehen konnte, wie die Schmerzen den Jungen an den Rand der Verzweiflung trieben, und ich ihn in einem ratlosen und letzten Versuch auf Cortison setzte – und mich damit zu beruhigen versuchte, daß Hashim gar nicht mehr so viel Zeit vergönnt sei, daß die Nebenwirkungen ihm schaden könnten.

Heute? Heute ist Hashim auf Heiratsurlaub. „Ich habe nie zu hoffen gewagt", sagte er, als er sich verabschiedete, „daß Glück auch für mich gemeint sein könnte – und nun sieh –". Er hatte den Tag, an dem er als geheilt erklärt wurde, mit einem großen Fest gefeiert, Blumengirlanden für die Ärzte und Tee für die Angestellten. Sechs Wochen später verlobte er sich. Er verdient bescheiden, aber regelmäßig als Hilfspfleger im Krankenhaus. Im Frühjahr dieses Jahres kam der wahrhaft große Moment seines Lebens: Wir unternahmen unsere erste „Expedition" nach Makran, seiner Heimat, einem noch sehr unerschlossenen Wüstengebiet zwischen Karachi, der iranischen Grenze und dem Arabischen Meer. Hashim nahmen wir mit als Übersetzer. Nach zwölf Jahren das erste Mal wieder in Richtung Heimat –.

In der zweiten Woche erreichten wir Sur, jenes verlassene Fischerdorf, in dem Hashims Geschichte begann. Staubverkrustet, durstig und erschöpft stolperten wir in das Haus des Dorfältesten, der uns nach östlicher Sitte mit großer Gastfreundlichkeit empfing. Er stellte uns einen Raum für die Medikamente und Instrumente zur Verfügung, für unsere „Fliegende Ambulanz". Leprafälle? Nein, die gäbe es im Dorfe nicht. Er entsinne sich, daß vor 10, oder 15 Jahren der jüngste Sohn von Ruzy – wie war doch sein Name –? „Hashim", sagte Hashim, der neben uns stand. Der Dorfälteste fuhr getroffen herum. Ob er ihn kenne? „Ja", sagte Hashim, auf Beluchi. „Ich".

Die Nachricht verbreitete sich wie ein Lauffeuer im Dorf. „Hashim, Ruzys Sohn, ist zurück – geheilt! Unmöglich! – Doch – Assistent einer ausländischen Ärztin – im Hause von Mohammed Ali ––."

Es wurde ein richtiges Festgelage am Abend, zu dem das ganze Dorf zusteuerte. Bei dem Hashim den Ehrenplatz einnahm und aus demselben Kruge trank, der die Runde im Kreise der am Boden hockenden Dorfgenossen machte. Bei dem Hashim das Wunder seiner Heilung wieder und wieder erzählen mußte. Am gleichen Abend kamen drei Patienten aus dem Dorf zur Behandlung, die bislang ihre Krankheit verheimlicht hatten, und am Morgen fanden wir noch einmal zwei. Wenn der Aussatz heute heilbar war, warum dann solche Furcht? Von da an war das Eis gebrochen. Wo immer wir im Küstenstrich in ein Dorf einfuhren, da war schon die Nachricht uns vorausgeeilt, daß unsere Medikamente den Aussatz heilen würden. Wir hatten ja den lebenden Beweis mit uns, dessen Geschichte jeder kannte und den jeder totgeglaubt hatte. Wir eröffneten zwei Außenstationen in dem Gebiet, in denen heute schon 140 Patienten in Behandlung sind.

Leben verwandeln

Mahatma Gandhi, ein großer Freund der Leprakranken, hat einmal gesagt: „Leprarbeit bedeutet nicht nur medizinische Hilfe, sie verwandelt die Lebensenttäuschung in Freude, persönlichen Ehrgeiz in selbstloses Dienen. Wenn du das Leben eines Kranken verwandelst oder den Wert seines Lebens verändern kannst, so kannst du sein Dorf und sein Land verändern." Das könnte ich unterschreiben.

Ich hatte kein prinzipielles Fachinteresse an Lepra, das hat sich entwickelt. Lepra ist auch ein fachlich sehr interessantes

Gebiet. Das allein hätte mich nicht motivieren können. Faszinierend an der Lepra ist für mich, daß man mit Menschen ein Leben lang zusammenlebt. Wenn einer Malaria hat, kommt er, man heilt ihn aus und sieht ihn nicht wieder. Die Kinder, die ich vor mehr als zwanzig Jahren entbunden habe, die kommen jetzt schon wieder mit ihren eigenen Kindern. Die Leprabehandlung ist lebenslang. Man kann zwar klinische Ausheilungen erzielen. Um aber Rückfälle zu vermeiden, müssen die Patienten die Medikamente weiter einnehmen. So ergibt sich ein langfristiges Verhältnis zu den Familien. Bislang gibt es eine Lepraform, die wir lebenslang behandelt haben. Es ist jetzt eine neue Medikamentenkombination von der Weltgesundheitsorganisation vorgeschlagen worden, die die Behandlungsdauer auf zwei Jahre verkürzt, dann aber noch eine mindestens zehnjährige Überwachungsphase vorsieht. Die Schwierigkeiten in der Leprabekämpfung sind sehr viel mehr von der mangelnden Infrastruktur her bedingt als vom Krankheitsverlauf. Die Arbeit in den Labors ist abgeschlossen. Wir kennen zwar noch nicht die Form der Übertragung, aber doch Ursache und Ausheilungsmöglichkeiten. Rein medizinisch ist das Problem fast gelöst. Aber die Frage bleibt, wie man das Medikament an die Patienten bringt. Wenn eine Straße irgendwo im Norden gebaut wird, bringt das die Lepraarbeit weiter. Die Bevölkerungsdichte ist in vielen Teilen Pakistans gering, und die Verkehrswege sind in trostlosem Zustand. Ich war vor kurzem sechs Wochen in Beluchistan unterwegs und habe es nur dazu gebracht, jede Außenstation nur einmal zu besuchen. Man kann auf diesen Straßen nur langsam fahren. Wenn es dann regnet, muß man warten, bis sich der Wasserspiegel so weit gesenkt hat, daß man mit dem Jeep durch die Furt kann. Nach jedem Regenfall kann es einem passieren, daß man wieder umkehren muß, um in einer Entfernung von 60 Kilometern eine andere Furt zu suchen. Das macht die Arbeit so schwierig.

Unsere Strategie

Als ich 1960 in Pakistan begann, hatte ich keine eigentliche Fachausbildung für Lepra. Ich holte diese Ausbildung in Indien nach. Wir haben dann Schritt für Schritt ein Konzept erarbeitet und eine Organisation geschaffen, die über punktuelle Hilfsmaßnahmen hinausging. Das Schwergewicht der ersten Phase lag auf der Aufklärung und Sensibilisierung der Öffentlichkeit, der Ärzteschaft und der pakistanischen Regierung über das Ausmaß der Lepra, das Schicksal der Betroffenen und die Möglichkeiten, das Problem anzugehen. Wir haben, nachdem 1962 unser Krankenhaus eingerichtet wurde, regelmäßig statistische Erhebungen durchgeführt. Sie ergaben, daß die meisten Patienten durchweg aus denselben Gebieten kamen. Das heißt, daß es gelungen war, jene Zentren zu finden, in denen die Lepra am meisten verbreitet war. Das waren Beluchistan (im Südwesten zwischen dem Indus und dem Iran mit großteils unfruchtbaren Wüstengebieten), die Nordwest-Provinz (zwischen Afghanistan und dem Himalaja) sowie das zu Pakistan gehörende Stück von Kashmir, die Provinz Azad-Kashmir. Ein erheblicher Teil der männlichen Bevölkerung aus diesen Gebieten setzt sich zu Beginn der kalten Jahreszeit, von Not und Kälte getrieben, in Richtung Süden in Bewegung, zu den großen Industriestädten. Diese Halbnomaden machten einen großen Teil unserer Patienten in den 60er Jahren aus. Die aus Bangladesh vertriebenen Biharis kamen 1971/72 dazu. Wie heute die vielen Flüchtlinge aus Afghanistan.

1965 bereiste ich zusammen mit Mutter Doyle, der damaligen Oberin unseres Konvents in Karachi, zum erstenmal die nördlichen Provinzen. Das Ergebnis unserer Reise: Der aus Kashmir, Beluchistan, der Nordwest-Provinz oder aus den Flüchtlingslagern kommende männliche Patient war meist nur einer von zahlreichen anderen kranken Familienmitgliedern. Die zurückgebliebenen kranken Frauen und Kinder konnten wir jedoch nicht zur Behandlung in die Städte bringen. Nicht nur weil eine Reise diese armen, aus archaischem Milieu kommenden, des Lesens unkundigen Menschen überfordert hätte.

Sondern auch wegen der durch die islamische Überlieferung und die patriarchalische Gesellschaftsstruktur stark reglementierten Frauen. Wir mußten zu den Menschen gehen, mußten medizinische Hilfskräfte ausbilden, Lepra-Techniker, die wir erstmals 1966 in einem neun Monate dauernden Kurs ausbildeten: in Lepratherapie, Diagnostik, Buchführung, Statistik und Englisch. Sie übernehmen in ihrer Heimat von der zuständigen Provinzregierung eingerichtete Leprastationen. Sie halten Sprechstunden für ambulante Patienten, ein- bis zweimal in der Woche. An den übrigen Tagen reisen sie per Motorrad, per Bus, Kamel oder auch zu Fuß in ihrem Revier. Unter kaum vorstellbaren Strapazen suchen sie nach neuen Fällen, versorgen die Patienten mit Medikamenten, Bandagen usw. 1968 hat unser Team vom M.A.C. der Zentralregierung in Islamabad ein detailliert ausgearbeitetes nationales Leprabekämpfungsprogramm unterbreitet, das alle Provinzen und den Großraum Karachi umfaßte. In dieses Programm werden schrittweise Aufgaben des allgemeinen Gesundheitsdienstes einbezogen. Fast 200 Angestellte haben wir in Karachi. Zusätzlich 115 Regierungsangestellte leisten die verschiedensten Dienste in den entlegensten Ecken des Landes und den übervölkerten Slumvierteln von Karachi. 23 452 Leprapatienten gibt es, verteilt auf 134 050 Quadratmeilen (eine Meile = 1,6 km). 23 452 Männer, Frauen und Kinder, die nur eine Hoffnung haben: diese kleinen, weißen Tabletten, die das Leprahelferteam bringt. In Azad-Kashmir behandeln wir schon Tuberkulose; für Beluchistan und den Hochhimalaja werden Pläne diskutiert, die Leprakontrolle mit der Blindenvorsorge zu kombinieren.

Stammesgesetze

Zur mangelnden medizinischen Infrastruktur kommen andere Probleme: die Stammesgesetze etwa.

Im Februar 1980 waren wir im Norden Pakistans. Schnee lag in den Bergen. Die Sonne stand strahlend am blauen Winterhimmel. Das Gebiet am linken Ufer des Indus war erst vor wenigen Jahren zu Pakistan gekommen. Vorher hatte man dort nach eigenen Gesetzen gelebt, unabhängig und abgeschlossen von allem, was sich in der Welt ereignet hatte. Es herrschte das Gesetz des Stärkeren und das Gesetz der Kugeln. Als ich 1969 in Pattan war, hatte man uns von Yagistan aus zwei volle Tage belagert. Sie schossen auf jeden, der sich im Basar von Pattan zu zeigen wagte. Das Tal ist so eng, daß man von der anderen Bergflanke ohne Mühe die ganze Schlucht beherrscht. Kein Berghof, der nicht seinen Wachturm hat, aus rohen Steinen gefügt und mit Schießscharten versehen. Jeder lebt mit jedem in Blutrache. Wenn man bei einem Stamm übernachtet, muß man beim anderen, feindlichen Stamm erst einmal klären, wieso man dort gewesen ist. Die Gastfreundschaft ist etwas Symbolisches. Bevor wir ein Dorf betreten, muß der verantwortliche Lepraassistent zunächst einmal herausfinden, welche Parteien es im Dorf gibt. Dann gilt es die Aufmerksamkeit gleichmäßig auf diese Gruppen zu verteilen: „Mit euch essen wir zu mittag, mit euch zu abend. Beim dritten schlafen wir und nehmen das Frühstück ein." So hat jeder die gleiche Ehre des Besuches. Trotzdem gibt es stundenlanges Palaver, warum man wo mit wem zusammen gesehen wurde.

Die Ausweglosigkeit des Mohammed Akram

Ich erinnere mich an einen Einsatz in den Bergen. Eine gnadenlos in Steinschluchten brennende Sonne. Halsbrecherische Klettertouren und Gletscherbäche, die kaum zu durchqueren waren. Plötzlich Hundegebell. Fünf Schritte weiter eine Biegung, die Schlucht öffnete sich. Niedrige Hütten, am Steilhang verstreut, aus rohem Stein gefügt, die meisten von einem Wachturm überragt. Wachtürme müssen gebaut werden, ehe man sich einen Wohnraum leisten kann. Oben am Berg auf den taschentuchgroßen Terrassenfeldern wurde Mais geschnitten. Eine Frau löst sich plötzlich aus der Gruppe. Läuft uns entgegen, mit fliegendem Rock und wehendem Schleier. Sie schließt mich in ihre Arme, küßt mir die Hände zum Willkomm. Nimmt mir den Bergstock ab (da nichts anderes abzunehmen ist – die Jungen tragen das Gepäck). Ehe ich Abdullah fragen kann, wer es denn sei und was die Begrüßung denn bedeute (wir kennen uns nicht), hat sie mich in die Steinhütte gezogen, einem kalten, dunklen Raum, ohne Fenster. Ich kann nichts unterscheiden, bis sich die Augen ein wenig an die Dunkelheit gewöhnt haben. Dann wird alles allmählich klar.

Ein Mann, noch keine Vierzig, hat sich von der Bettstelle erhoben und streckt uns die Hände entgegen. Verkrüppelte Hände – ein Leprapatient. Er begrüßt Abdullah wie einen alten Freund. Die Frau hat die Kissen auf der Bettstelle aufgeschüttelt, Ziegenmilch gebracht, jetzt hockt sie auf dem Boden, schaut flehentlich zu mir auf, sagt etwas auf Sheena, das ich nicht verstehe. Abdullah übersetzt: „Der Junge ist noch im Gefängnis, sagt sie. Den Mann haben sie auf Kaution entlassen. Weil er Lepra hat."

Und das ist die Geschichte:

Mohammed Akram hat eine Schwester, blauäugig und hellhäutig, mit langen pechschwarzen Zöpfen. Die Burschen reckten die Hälse, wenn sie morgens vor Sonnenaufgang zur Quelle ging, um Wasser zu schöpfen. Zwei Stammesälteste verlangten das Mädchen gleichzeitig zur Frau; die Heirat sollte die alte Blutrache lösen.

Lange hatte Mohammed Akram mit der Entscheidung gezögert, ehe er sich eines Tages kurzfristig für einen der Bewerber entschied: „Ich konnte das Mädchen doch nicht beiden geben, und ich konnte sie doch auch nicht daheim behalten –. In der Hochzeitsnacht griff der Gegenstamm an. Man hatte mich vorgewarnt, so hielt ich mit meinem ältesten Sohn auf dem Turm Wache. Beim Auftauchen des feindlichen Stammes legte ich an. Die erste Kugel traf den Stammesältesten. Was hätte ich sonst tun können? Ich mußte handeln –. Es besteht seit langem Blutrache zwischen unseren Familien ..."

Stammesfehden, Blutrache: Vor dem pakistanischen Gesetz erfüllen sie den Tatbestand des Mordes. Mohammed Akram und sein Sohn wurden von der Polizei gestellt, ins Gefängnis eingeliefert. Auf Mord steht Todesstrafe – durch Erhängen.

Die Familie war ohne Schutz im Dorf zurückgeblieben. Der alte Vater lebte noch, ein fortgeschrittener Leprafall, der sich nur noch kriechend auf Händen und Füßen fortbewegen kann. Wer würde die Frauen vor weiteren Überfällen schützen? Mohammed Akram:

„... ich habe mir den Kopf zerbrochen, was ich tun könnte, um aus dem Gefängnis herauszukommen. Schließlich kam mir meine Krankheit zu Hilfe – ich habe den Krankenbericht dem Gefängnisvorsteher eingereicht, der hatte solche Angst vor Lepra, daß er eine Eingabe gemacht hat, und so bin ich auf Kaution freigelassen worden ..."

Mohammed Akram kann seine höhlenartige Zuflucht nicht verlassen, wenn ihn der Gegenstamm sieht, ist er Freiwild. Aber er hat sein Gewehr, er kann seine Familie verteidigen!

„... Und der Junge ist immer noch im Gefängnis", sagt die Frau.

Blutgeld

Schweigen –. Ein hoffnungsloses, bedrücktes Schweigen. Der alte Vater ist in den Raum gekrochen, sitzt nahe der Tür auf dem Boden. Das Gewehr hängt über dem Bett. Ein paar Tontöpfe. Eine gegerbte Ziegenhaut, die zum Wasserholen benutzt wird. Mehr befindet sich nicht im Raum.

Gefangene einer Stammessitte, die der einzelne nicht zu durchbrechen weiß –.

„... und?" sage ich, zu Abdullah gewandt.

„Den Jungen auch zum Leprapatienten erklären", sagt der finster, „was bleibt sonst übrig?"

Aber die Blutrache?

Die geht nach strengen Regeln weiter, und wenn der Gegenstamm angekündigt hat, daß Mohammed Akram auf der Liste steht, entgeht er ihnen nicht.

Keine Lösung?

„Blutgeld –", sagt Abdullah. „Wenn der Gegenstamm zustimmt. Und dann: wer zahlt es?"

„Frag Akram", sage ich. „Sollen seine Kinder und Enkelkinder noch am Galgen sterben, weil sie die Blutrache vollziehen *müssen*?"

Blutgeld – und wieder versinkt das Gespräch für mich im unbekannten Wellenschlag des Sheena. Akram ist einsilbig. Die Frau bringt heiße Maisfladenbrote und Tee. Abdullah sagt: „Selbst wenn er alles verkauft, Felder und Vieh, kann er das Blutgeld immer noch nicht bezahlen."

„Wieviel braucht er zusätzlich?" frage ich. „8000 Rupien", sagt Abdullah.

„Dann kann er als Land-Taglöhner in Gilgit arbeiten."

„Und die Familie?"

„Die kann er mitbringen."

„Und dann ist die Blutrache erledigt?"

„Ja", sagt Abdullah. „Das ist muslimisches Recht."

Wir kauen an den Fladenbroten. Schlürfen heißen Tee. Und versuchen uns mit den Konsequenzen vertraut zu machen: das Land der Väter verkaufen – was sagt der alte Vater dazu?

... aber dann wird der Sohn aus dem Gefängnis entlassen, die Mordanklage zurückgezogen –

Ein flehender Blick der Mutter.

Was nützen die Felder den Kindern, wenn auch sie am Galgen sterben, weil sie die Blutrache vollziehen *müssen*?

Und die fehlenden 8000 Rupien?

Die müssen irgendwoher kommen ...

Draußen jagen Akrams Jüngste kreischend die Hühner. Ein paar Sonnenstrahlen fallen schräg durch die Dachöffnung in den dunklen Raum. Der alte Vater seufzt. Er sagt etwas. „Was hat er gesagt?" frage ich Abdullah.

„Was nützen die Felder den Kindern", übersetzt Abdullah, „wenn sie am Galgen sterben, weil sie die Blutrache vollziehen müssen?"

Auf dem Rückweg durch die Schlucht. „Du bist dir sicher, daß du ihnen Arbeit verschaffen kannst?" frage ich Abdullah. „Ja", sagt er.

„Und Sie, daß Sie 8000 Rupien zusammenkriegen?"

„Sieben Menschenleben", sage ich, „1150 Rupien pro Menschenleben, ich bin mir sicher. Und Akram wird einwilligen?"

„Ja", sagt Abdullah.

Ich bleibe einen Atemzug lang stehen, mitten in der Schlucht. Schließe die Augen. Vor mir das Gesicht der Frau, die aufblühende Hoffnung in den Augen der Mutter. Der Bub – sagt sie –, sie werden ihn freigeben – nicht hängen – sie werden ihn freigeben –?

„Ist Ihnen nicht wohl?" fragt Abdullah.

„Doch", sage ich und nehme die Felskletterei erneut auf, „ich bin bloß glücklich."

Empörende Diskriminierung

Es sind auch diese archaischen Gebirgsstämme, bei denen die Situation der Frauen himmelschreiend ist. Eine Entwürdigung, die nicht weniger schlimm ist, weil sie nicht als solche empfunden wird. Und die ich doch zu ignorieren versuche. Eine Diskriminierung, die mich immer wieder zutiefst, bis aufs Blut empört. Wenn das Essen aufgetragen wird, wird es den Männern serviert. Was übrigbleibt, geht in die Frauengemächer zurück. Man muß wissen, *wie* die Männer in diesem Land essen. Die einzige Solidarität, die ich in Pakistan nicht durchgehalten habe, ist die Solidarität mit den Frauen. Ich muß die Privilegien eines Mannes haben. Ich sage immer: Wenn die Hindus recht haben und wir mehr als ein Leben leben, dann werde ich mich in meinem künftigen Dasein der Frauenfrage in Pakistan widmen. In der Regel haben Frauen nur die Funktion, Kinder zu gebären. Ihr Wert wird nach der Zahl der Söhne geschätzt, die sie auf die Welt bringen. Wenn man einen Mann fragt: „Wieviel Kinder hast du?" dann nennt er die Anzahl der Söhne. Auf dem Land ist die Frau nur eine unbezahlte Arbeitskraft. Die Männer bringen sich in diesen Gegenden aufgrund der Blutrache um. Mit dem Ergebnis, daß jeder drei bis vier Frauen hat. Bei unserem letzten Aufenthalt waren wir zu Gast bei einem Dorfältesten, einem 57jährigen. Der hatte vier Frauen. Er stellte sie mir vor und sagte in einer ganz häßlichen Formulierung, daß keine dieser Frauen fähig wäre, ein Kind zu werfen. Wie habe ich bedauert, daß ich keinen Dialekt gesprochen habe, sonst hätte ich ihm wenigstens vor seinen Frauen sagen können: „Wenn du steril bist, kannst du nicht sie dafür verantwortlich machen." Ich sagte ihm: „Geh in die nächste städtische Klinik, und laß einen Samentest machen." Wir kletterten fünf Kilometer den Berg hinauf, hinter der Tochter eines Patienten her. Sie war die zweite Frau eines Bergbauern und hatte einen Knochentumor in der Stirnhöhle. Ihr Gesicht war aufgetrieben und verunstaltet. Es sah wirklich schrecklich aus. Aber statt seine Frau zum Arzt zu schicken, heiratete ihr Mann eine andere. Die erste war gut genug, um das Vieh zu versorgen und auf dem Feld zu arbeiten. Ich hätte ihn kaltblütig erdrosseln können. Am Abend kamen wir an einer Bergbauernhütte an, ich war ziemlich erschöpft. Abdullah sprach mit dem Bauern, der sich über den Besuch freute und zwei geflochtene Bettstellen herausbrachte. Eine Frau breitete das Bettuch darüber. Auf den Boden legte sie eine Decke, auf die ich mich setzen durfte. Die Jungs nahmen auf dem Bettgestell Platz. Sicher, auch das war nicht persönlich gemeint. Aber wenn ich solche Diskriminierungen drei Wochen hintereinander erlebt habe, dann bin ich fix und fertig. Dann kann ich meine eigenen Leprahelfer nicht mehr sehen. Bloß weil sie Männer sind.

Das Bewußtsein ändern

Diese soziale Lage der Frau hat Auswirkungen auch auf unsere Arbeit. Wir erfassen nur zwei Drittel der Bevölkerung, weil die Jungs die Frauen nicht untersuchen dürfen. Einheimische Frauen dürfen in der Regel auch nicht im Team mitarbeiten. Auch verheiratete Paare kann man nicht hinausschicken, weil der verheiratete Lepraassistent, der seine Frau mitarbeiten ließe, sein Sozialprestige verlieren würde. Das bedeutet, daß er in seiner Arbeit behindert wäre. Es bleibt nur die Möglichkeit, ausländische Mitarbeiterinnen einzusetzen. Aber da gibt es Visabestimmungen, nach denen Ausländer zwei Drittel der pakistanischen Gebiete nicht betreten dürfen. Ich kann das zwar, aber nur weil ich schon so lange im Land bin. Aber ich werde älter. Die Azad-Kashmir-Regierung liest mir jeden Wunsch von den Augen ab. Aber die Aufenthaltsgenehmigung für eine zweite Ausländerin wird nicht genehmigt. Ich frage, wieso? Das ginge nicht. Das geht nicht, weil es nicht geht. Wir haben schon alle möglichen Tricks erfunden. Die Jungs ließen sich zum Beispiel einen Bart wachsen, um älter zu erscheinen. So können sie die Frauen wenigstens bis zum Knöchel untersuchen. Wir haben an die älteste Frau im Dorf Tagegelder bezahlt, damit sie mit den Jungs durch die Höfe geht und wenigstens sieht, ob irgendwo ein weißer Hautflecken ist. Sie kann dann die Frau einwickeln, daß wirklich nur der Hautfleck zu sehen ist, an dem die Behandlung vorgenommen werden muß. Trotz aller Phantasie – es muß immer nur eine halbe Sache bleiben.

Die Unterordnung der Frau ist nicht im Koran verankert. Sie ist Ausdruck der Stammesstruktur. Schließlich haben sich auch im christlichen Mittelalter die Theologen darüber unterhalten, ob die Frau eine Seele hat oder nicht. Lepraarbeit ist also nicht ohne Veränderung der Sozialstrukturen, ohne Bewußtseinsänderung, auf die Dauer erfolgreich. Dazu eine Geschichte aus Beluchistan:

Erfolg in Pluderhosen

Ich bin mit einem Team von fünf Leprahelfern im Wüstengebiet von Makran im Landrover unterwegs. Irgendwie läuft die Arbeit nicht so recht an. Wann immer wir uns einer Gruppe von Zelten nähern, laufen die Frauen fluchtartig davon – Kinder auf dem Arm oder sie hinter sich her zerrend.

Wir halten Kriegsrat. Daud hat eine Erklärung. „Die einheimische Panjabi-Tracht, die Sie tragen, gleicht der Männertracht in Makran – vielleicht erkennen die Frauen Sie aus der Entfernung nicht als Frau?" Das Argument scheint einleuchtend. Wir besorgen uns eine Makrani-Frauentracht, weite Pluderhosen, ein schwingendes buntfarbiges Obergewand, unter dem man unbehelligt Zwillinge erwarten kann, ohne daß es irgend jemandem auffallen würde – ein großes Schultertuch zur Verschleierung. Der Erfolg ist durchschlagend. Wenn wir uns jetzt einer Gruppe von Zelten nähern, strömen uns die Frauen entgegen. Wir schlagen unsere fliegende Ambulanz auf dem Zeltplatz auf: eine geflochtene Bettstelle unter einer Kokosmatte, die Schatten gibt. Die Nachricht verbreitet sich mit Windeseile – die Kranken aus der näheren und weiteren Umgebung werden gebracht. Ich sitze auf der Kommandobrücke (der geflochtenen Bettstelle) und gebe Anweisungen ans Team: – Bitte erst Lepra-Vorsichtsuntersuchung, – dann Anamnese erheben, – Fieber und Blutdruck messen, hier – bei der Frau...

Ich habe völlig vergessen, daß ich die Tracht der Frauen von Makran trage. Auf den Wanderungen hat der zuständige Lepratechniker Befehlsgewalt – während der Fahrt der Fahrer des Landrovers – während der Sprechstunde fällt die Befehlsgewalt an mich. Alles das hat sich frag- und mühelos eingespielt. Erst der durchdringende, beobachtende, amüsierte, entzückte Blick zweier Mädchen reißt mich aus meiner Rolle. Die sitzen auf dem Boden, an die Zeltpflöcke gelehnt, kichern hinter ihrem Schleier und genießen mit großen, hungrigen, entzückten Augen diese so ganz und gar neue Situation: daß da eine der Ihrigen auf der Kommandobrücke sitzt und die ganze Meute Männer hier- und dahin kommandiert –!

Bewußtseinsbildung? Sicherlich nicht. Aber vielleicht der Anfang einer Frage – vielleicht ein wenig Zuwachs an Humor.

Für unsere 23 (christlichen) Panjabi-Mädchen, mit denen wir zusammenleben (und denen wir die Schulausbildung ermöglichen), sind Jeannine und ich der Beweis, was einer Frau möglich ist –.

Eine Kerze anzünden

Ich weiß, daß unsere Arbeit nicht mehr ist als ein Tropfen auf den heißen Stein. Aber in ein Menschenleben paßt vielleicht nicht mehr hinein als ein Tropfen. Und wenn jeder seinen Tropfen dazugibt, kann sich viel ändern.

Ich hatte es ja ursprünglich noch mit einer allgemeinen Praxis nebenher versucht. Dann sah ich an einem Tag 50 Patienten. Am Abend, als ich völlig erschöpft aus der Praxis kam, standen da weitere fünfzig. Die einen verfluchten, weil man sie nicht untersucht hatte. Ich untersuchte am nächsten Tag 100. Als ich herausging, standen da weitere 100. Am dritten Tag dachte ich: Es ist sinnlos, 150 Menschen den Eindruck zu vermitteln, man würde sie behandeln. Ich habe dann nicht gesagt: „Ich kann euch nicht behandeln", sondern: „Wir haben nur Leprabehandlungsmöglichkeiten". Mir selber sage ich: Als der Herrgott auf die Welt kam, ist er auch nur in Palästina gewesen. Das Unmögliche wird von keinem verlangt.

Die Jesuiten haben zwei Wahlsprüche, die mir immer sehr imponiert haben: „Wir tun, was wir können. Mehr können wir nicht tun." Der zweite: „Weitermachen ist Unsinn. Aber aufhören ist noch unsinniger. Also machen wir weiter." Meine Leprahelfer sagen: „Something is better than nothing. – Etwas ist immer noch mehr als gar nichts." Und das gibt es auch in einer poetischen Formulierung: „Es ist besser, eine Kerze zu entzünden, als die Dunkelheit zu verfluchen."

Und trotz aller Bemühung: Man ist immer auf den Zufall angewiesen. Zufälle, glückliche, und solche, die einen an den Rand der Verzweiflung bringen. Wenn man unterwegs ist bei den Armen, dann kann man nicht unter dem Gesichtspunkt der Lepra sozusagen selektionieren. Man muß sich zwar konzentrieren. Aber die Probleme hängen zusammen. Manchmal scheint es hoffnungslos. Ich suche mich immer wieder zu bescheiden – und doch das Unmögliche zu organisieren. Auch wenn es nicht organisierbar ist.

In Yagistan

Das ist der Alltag, wenn wir unterwegs sind. Etwa im Norden Pakistans. Es regnete in Strömen in Yagistan, dem Yalkot-Tal, das auf unserem Programm stand. Wir wußten, daß es dort Lepra gab; es war aber noch keiner von uns dort gewesen.

Ein Patient hatte sich im Januar bis zu unserer Außenstation durchgefragt. Bei seinem Sohn, der ihn begleitete, wurde ein Frühfall erkannt. Wir diagnostizierten weitere fünf Frühfälle in der Familie. Es wurde uns über zwei weitere Patienten, die weiter oben im Tal lebten, berichtet. Wir schliefen nachts in der Hütte des Patienten zu fünft auf den drei geflochtenen Bettstellen, zusammen mit fünf Kühen und dem hustenden Leprapatienten in dem einen dunklen fensterlosen Raum.

Am Morgen hatte sich das gesamte Dorf versammelt. Wir begannen unsere Arbeit auf dem überdachten Felsvorsprung vor dem Haus des Patienten: eine Flut von Frauen, Kindern, Männern, deren Sprache nur Fazl verstand. Grausam das Geschrei und der Gestank, der eisige Wind von den Schneebergen, die Hilflosigkeit angesichts dieser Flut von Armut! – Der Zustand des kleinen Mussalin, den ich gestern abend mit einer beginnenden Lungenentzündung sah, hatte sich hoffnungslos verschlechtert. Ich hatte einen Jungen ins Tal geschickt, um Antibiotika zu kaufen (es gibt eine „Apotheke" im Basar) – die Medikamente kamen zu spät!

Eine Frau in Wehen – sie hatte acht Kinder geboren, zwei hatten überlebt. Jetzt bat mich der Mann, ich sollte doch etwas tun, daß sie ein gesundes, kräftiges Kind zur Welt brächte. Was sollten meine Eisentabletten in dieser Stunde bei der Blutarmut noch helfen? Vielleicht für die nächste Schwangerschaft.

Bei den nächsten vier, fünf Patienten ließen sich keine krankhaften Befunde erheben: Bauchschmerzen, Rückenschmerzen, Gliederschmerzen – wir gaben eine Handvoll Vitamine. – Der nächste: Herzschwäche. Wir hatten im Jeep „Digitalis". Der Sohn wurde beordert, uns das Gepäck ins Tal zu tragen und die Medikamente abzuholen.

Der nächste, der nächste, der nächste –

Um 1 Uhr war das Essen bereitet: Fladenbrot und Curry. Wir waren hungrig und erschöpft. Vom Patientenstrom noch kein Ende abzusehen. Ich beschloß, ins nächste Dorf aufzubrechen, in dem unsere Leprapatienten auch schon warteten.

Was einem das Herz zerreißt

Während wir den Abstieg beginnen, die Bitten und den Protest der zurückbleibenden Dorfbewohner noch im Ohr und Herzen, zerbreche ich mir zum hundertsten Male den Kopf, wie man eine Lösung finden könnte, den vielen hilfesuchenden Patienten gerecht zu werden und die Lepraarbeit weiterzuführen – ein seit Jahren ungelöster Konflikt. – Nein, es sind nicht die Felspfade und nicht die schwankenden Brücken, nicht die Nächte in den Berghütten und nicht die kargen zwei Mahlzeiten am Tage, die das Leben hier draußen hart machen für uns – es ist die unendliche Not, in der wir allein nicht helfen können, die uns immer und überall begegnet, die das Herz zerreißt und zermürbt.

Einmal kamen wir in über dreitausend Metern Höhe in ein Himalaja-Dorf. Ein Patient lief uns entgegen: „Meine Tochter hat eben entbunden. Aber die Nachgeburt kommt nicht heraus." Ich ging zu seiner Hütte und konnte den Befund zunächst auch nicht interpretieren. Es war ein kaum beleuchtetes, höhlenmäßiges Zimmer. Dann entdeckte ich: Die Mutter hatte die Tochter entbunden und dabei die gesamte Gebärmutter herausgedrückt. In der Meinung, das sei die Nachgeburt, hatte sie versucht, sie herauszuholen. Wir waren zu Fuß unterwegs und hatten kaum etwas dabei. Es gab keine Möglichkeit, eine Narkose zu geben oder sterile Instrumente zu verwenden. Aber irgend etwas mußte gemacht werden. Ich sagte: „Wenn Mohammed Ali hier nicht herein darf, dann mache ich überhaupt nichts." Da ließen sie schließlich unseren Lepraassistenten in den Raum. Ich hatte tatsächlich nur zwei Aspirin und eine noch nicht geöffnete Tempo-Taschentuch-Packung. Das war das Sterilste. Dann wusch ich die Hände im Bach, erklärte ihr, daß wir sie nicht ins Krankenhaus schaffen könnten, weil sie den Transport nicht überleben würde. Die Frau hat so tapfer mitgearbeitet. Wir waren beide total naßgeschwitzt, bis ich die Reposition gemacht habe. Wir mußten dann höher ins Tal. Als wir nach fünf Tagen zurückkamen, ging es ihr gut.

Ich sage mir: Hier ist man zufällig einmal vorbeigekommen. Was passiert in den anderen Fällen?

Generäle beim Forellenfischen

Am Einstieg zum Himalaja mußten wir einen Gletscher überqueren, der sehr stark in Bewegung war. Schuljungen führten uns hinüber. Auf der anderen Seite traf ich einen Patienten, der an akuter Rückenmarkstuberkulose litt. Wir konnten ihn aber nicht mehr über den gefährlichen Gletscher zurückbringen. Um die gleiche Zeit war dort eine sportliche Hochgebirgsexpedition. Einer der Italiener hatte Gelbsucht bekommen. Den haben sie mit einem Hubschrauber über uns hinweg ausgeflogen. Ich dachte: „Warum wird so ein Mann mit einem Hubschrauber evakuiert, und ich muß mit meinen Jungens in Sandalen über das Eis? Wenn wir hier einen Fall finden, können wir nicht helfen."

In diesen Situationen kann einen der Zorn packen. An jenem Tag, an dem wir achtzehn Kilometer zu Fuß gelaufen sind, weil wir keinen Tropfen Benzin auftreiben konnten, überflog uns ebenfalls ein Hubschrauber. Darin saßen zwei Generäle, die zum Forellenfischen flogen.

Ich verzweifelte fast. Und doch: Was sollen wir anderes tun als weiterarbeiten. Unter diesen verzweifelten Bedingungen und in der Absicht, die Bedingungen zu ändern. „Geh hin, und tu das gleiche." So steht es in der Geschichte vom barmherzigen Samariter. Das heißt: sich des Überfallenen annehmen. Aber es heißt auch: „Geht hin, und ändert die Straße von Jerusalem nach Jericho, damit in Zukunft niemand mehr in Gefahr geraten kann." Die Bedingungen ändern, das bedeutet für mich konkret auch: Helfer heranbilden. Wieviel von den bald

30 000 Patienten könnte ich selber erreichen? Da es keine Straßen- oder Wegekarten in Pakistan gibt, wüßte ich nicht einmal, wie ich in die Dörfer gelangen sollte. Es gibt 35 unterschiedliche Sprachen in Pakistan, die Dialekte nicht eingerechnet. Selbst wenn ich einige von den vielen Patienten behandeln könnte – ich könnte auch sie sprachlich nur über meine Helfer erreichen. In Wirklichkeit sind nicht *sie* meine Helfer. Es ist umgekehrt. Sie sind wie meine liebsten Kinder.

Meine Jungs

Der Schutzengel von Makran

Es war 1971. Wir wußten, daß in einem Wüstengebiet Pakistans, in Makran, Leprakranke lebten und daß es dort keine Behandlungsmöglichkeiten gab. Keiner von uns war jemals dort gewesen. Es war meine erste Wüstentour. Wir kannten das Land, die Wege nicht. Und so geschah es, daß wir in Tohad, der letzten Station, um 12 Uhr mittags aufbrachen. Ohne zu wissen, daß um diese Zeit regelmäßig von zwei bis vier Uhr nachmittags der Sandsturm einsetzt.

Die Wege in Pakistan sind meist Fahrpisten. Man fährt der Spur nach, die sich im Sand abzeichnet. Als der Sandsturm einsetzte, verwischten sich die Fahrspuren. Es war wie im Nebel. Wir konnten etwa drei Meter sehen und meinten, einmal rechts und dann wieder links Andeutungen der Spur zu erkennen. Wir fuhren hierhin und dahin, hatten bald völlig die Richtung verloren. Der Dieselvorrat ging zu Ende. Unsere einheimische Schwester Rose betete den Rosenkranz. Wir anderen ließen den Wagen anhalten, stiegen aus. Was wir draußen tun wollten, wußten wir selber nicht. Aber Gott kann den Schutzengel in vielerlei Gestalt schicken. Wir stiegen aus. Plötzlich näherte sich uns ein dunkler Schatten, ganz langsam kam ein Lastwagen auf uns zu. Später erfuhren wir, daß auf dieser Strecke manchmal acht Tage lang kein Fahrzeug fährt. Der Lastwagen hielt an, der Fahrer kam heraus: Wo wir hin wollten?

„Nach Dschiranni."

„Das findet ihr nie."

„Kannst du uns den Weg zeigen?"

„Das findet ihr nie. Die einzige Möglichkeit ist: Hängt euch an mein Rücklicht."

Und das taten wir.

Wir fuhren, fuhren, fuhren. Fuhren immer dem Rücklicht nach. Wir hatten alle Angst, daß uns der Diesel ausgehen würde und wir zurückbleiben müßten. Plötzlich hielt der Wagen. Der Fahrer sagte: „Da ist die Hauptstraße. Wenn ihr euch zwischen den aufgeworfenen kleinen Sandhügeln haltet, kommt ihr nach Dschivanni", drehte sich um und fuhr weiter. Wir erreichten noch am selben Abend Dschivanni.

Drei Wochen waren wir unterwegs und fanden 56 unbehandelte Leprapatienten.

Einer ist mir noch besonders in Erinnerung. Es war in einem kleinen verlassenen Dorf an der Küste. Dem Fahrer unseres Wagens war ein Mann beim Freitagsgebet in der Moschee aufgefallen. Die Moschee war ein mit Palmblättern überdachter Gebetsplatz. Nach der Gebetszeit wurde ich gerufen und untersuchte den Kranken: Ein Fall, der noch geheilt werden kann. Aber was mich erschreckte, tief erschreckte, das war der Blick, mit dem mich der Mann ansah. Es war der Blick eines gehetzten Wildes, dem man den Fluchtweg versperrt hatte. Ich hatte gedacht, er müßte sich freuen, wir könnten ihn heilen. Später erfuhr ich, daß in diesem Dorf vor nicht langer Zeit ein 12jähriger Leprapatient, ein Junge, in der Wüste ausgesetzt worden war. Seine Spur hat sich verloren. Jetzt war mir dieser Blick verständlich.

Was können wir tun?

Wir haben einheimische Leprahelfer ausgebildet, die die Wüste kennen. Die, wenn sie den Weg verlieren, sich notfalls an den Gestirnen orientieren können oder am Stand der Sonne. Die wissen, wenn die Sandstürme aufkommen und wann die Zeit ist, in der man sich in die Wüste wagen kann. Da ist Wilson, da ist Mean, die heute in Makran unterwegs sind. Da sind all die anderen Leprahelfer, „meine Jungs", die ich so liebe, weil sie den Weg sichern. Weil sie die Straße von Jericho nach Jerusalem ausbauen und den Niedergeschlagenen den Dienst der Barmherzigkeit erweisen. Ihnen dabei zu helfen, ist für mich das Schönste.

Verstehen ist schöner als Nachplappern

Das Aufregendste im Leben finde ich überdies, jemandem zur Selbstverwirklichung, zum Blühen oder zur Entfaltung zu verhelfen. Albertus Magnus, der Lehrer von Thomas von Aquin, hat gesagt: Es gibt für einen Lehrer keine größere Seligkeit, als sich von seinem Schüler übertroffen zu sehen. Wahrscheinlich ist dies auch in jedem Verhältnis zwischen Eltern und Kindern das eigentlich Aufregende. Die Bereicherung fließt einem von dem anderen zu. Es muß der andere sein, von dem man zurückerhält, was man selber gedacht oder im Ansatz gelebt hat. Ich unterrichte leidenschaftlich gerne. Diese Jungs haben die mittlere Reife, das Schulsystem ist auf dem System der Koranschule aufgebaut. Dies heißt aber: Auswendiglernen. Wenn die zum erstenmal selber eine Entdeckung machen! Es dauert in der Regel sechs Wochen, bis der erste fragt: „Warum?" Vor kurzem habe ich mit ihnen Botanik gemacht. Wir haben unserem Kurs nämlich zunächst ein naturwissenschaftliches Grundlagenstudium vorangestellt. Die Entdeckung, daß man das, was man in einem Buch gelernt hat, auch wirklich in der Natur sehen kann, dieses Entzücken ist wunderschön.

Fast alle haben zwar die mittlere Reife, aber das bedeutet noch lange nicht, daß sie auch nur wüßten, was eine Zelle ist. Man sagt „Zelle", und sie starren einen verständnislos an; man sagt „Gewebe", da schütteln sie die Köpfe; man sagt „Nerven", und da leuchtet es in ihren Gesichtern auf: Nerven, ja, die sind ihnen bekannt, in denen wird doch das Blut durch den Körper verteilt. – Aber das Unterrichten macht unheimlich viel Freude: es ist, wie wenn eine Kerze in der Dunkelheit aufleuchtet, wenn sie plötzlich *verstehen*. Ich habe nie gewußt, daß Lehren etwas so Schöpferisches ist. Was ich vor allem beglückend mit ihnen erlebe: Jemanden abholen. Das sieht konkret so aus:

Sie hatten ihr Anatomie-Werkbuch noch gar nicht benutzt

– sie wußten nichts damit anzufangen. Sie saßen noch immer brav auf ihren Stühlen und lernten auswendig, so wie man es ihnen in den Koranschulen beigebracht hatte: „Das Schädelskelett besteht aus zwei Teilen: dem Cranium und dem Gesichtsschädel ..."

Buch zu. „Das Schädelskelett besteht aus zwei Teilen, dem ...?? dem ... Cran ... Cranium, und dem Gesichtsschädel.

Buch auf.

Wir hatten gemeinsam auf drei, vier Seiten verschiedene Zeichnungen buntfarbig ausgemalt. „Jetzt schaut euch das noch mal im Zusammenhang an", sage ich. Blau – blau – blau. Rot – rot – rot –. Das Erkennen wächst in ihren Augen. Ha! Der Durchblick!

Natürlich mußte der Temporalisknochen über dem Temporallappen des Gehirns liegen! Deshalb hatten sie also den gleichen Namen! Und natürlich mußte die Gehörerinnerung im Temporalislappen gespeichert sein, denn der Temporalisknochen enthielt ja eindeutig den Gehörgang!

Überraschtes Entzücken.

„Und das ist genau, warum ihr euch so leicht mit politischen Sprechchören als dumm verkaufen laßt", sage ich trocken.

„... die Lehr- und Lernmethode –", sagt Kurban Ali betroffen. „Schon in der Volksschule. Einer liest vor –." Kurban nimmt sein Buch, liest laut: „D-ee-r M-o-n-d i-s-t r-o-t", und wir im Chor (noch lauter): „D-e-r M-o-n-d i-s-t r-o-o-o-t".

„Genau das", sage ich.

Betroffenes Schweigen. Amüsiertes Grinsen. Dann Salma, das einzige Mädchen in der Klasse: „... dabei ist Verstehen *viel* schöner als Nachplappern." Einhellige Zustimmung.

Abholen.

„... und er wandte sich um und schaute ihn an."

Das müßte man können. Jedesmal. In das Leben des anderen einsteigen, ihn abholen und zur je größeren Weite befreien. –

Ich hatte das gute Gefühl diesen Abend, daß wir mehr gelernt hatten, als daß sich der Temporalislappen des Gehirns unter dem Temporalisknochen der Schädeldecke befindet.

Mustafa und das Motorrad

Der Umgang mit diesen „unseren Jungs" ist für mich weit mehr als die Ausbildung möglichst effizienter Lepratechniker. Für mich ist es die Chance zur Bewußtseinsbildung. Meist ergibt sich dies zwangsläufig aus der Arbeit. Oft kann es bewußt eingebaut werden. Das Lehrer-Schüler-Verhältnis in Pakistan gleicht noch dem Meister-Schüler-Verhältnis. Man hat enorme Einflußmöglichkeiten in seiner Rolle als „ustad".

Unsere Jungs sind das eigentliche Thema meines Lebens in Pakistan. Vielleicht reagiere ich auf sie so emotional, weil ich mir das bei den Patienten seelisch gar nicht leisten könnte. Ich wäre schon längst kaputtgegangen. Nur über diese Jungs erreiche ich wirklich alle Patienten. Ich bin mit ihnen immer im Gespräch, auch außerhalb des Unterrichts. Ich kann mit ihnen auch über ihr Verhältnis zu ihren Schwestern sprechen, ihren Frauen und ihren Töchtern. Darüber, daß Gott alle Menschen gleich erschaffen hat, und daß der Koran dies sagt.

Ob sich damit schon etwas ändert? Traditionen sind unglaublich zäh. Selbst wenn der Junge innerlich einer Änderung zustimmt, scheitert das oft am Widerstand der Eltern. Und trotzdem:

Da kommt Mustafa und sagt: „Doktor, ich brauche ein Motorrad."

„Wieso?" sage ich, „kannst du dein Gebiet sonst nicht systematisch durchkämmen?" „Das auch", sagt Mustafa, „aber ich möchte amerikanisch heiraten" (amerikanisch heiraten, das heißt: sein Mädchen selber aussuchen. Und mit dem Statussymbol des Motorrads ist das möglich – soweit städtische Sitten).

„Sie hat mittlere Reife – ich kann sie nur bekommen, wenn ich ein Motorrad habe."

Mustafa bekam sein Motorrad, gründete eine glückliche Familie (er hat drei Kinder), und überdies hat er mit seinem Motorrad 1243 Leprapatienten entdeckt und versorgt.

Nicht nach den Wasserbüffeln laufen

Oder Hafiza. Hafiza fällt mir weinend in die Arme. „Machen Sie doch eine muslimische Ordensschwester aus mir", schluchzt sie, „warum kann ich denn keine muslimische Ordensschwester werden, dann würden die Männer mich wenigstens respektieren." – Was war geschehen? Hafiza hatte allen Konventionen getrotzt und sich als Leprahelferin ausbilden lassen – sie ist schwer krank gewesen in ihrer Kindheit, und aus dieser Zeit ist ihr der Trumpf geblieben: „... wenn ihr mich nicht tun laßt, was ich will, werde ich wieder krank." Der Vater gab nach.

Hafiza will nicht heiraten: „Ich werde doch nicht mein ganzes Leben den Wasserbüffeln nachlaufen!"

Sie will den Leprakranken helfen und beweist ihre Entschlossenheit mit tagelangen Fußmärschen und gefährlichen Klettertouren. Die Jungen reißen sich um Hafiza – die Arbeit geht so viel rascher und leichter, wenn ein Mädchen dabei ist, das die Berghöfe betreten und mit der Familie sprechen kann – während die Jungen in gebührender Entfernung vom Hof im Schatten eines Baumes warten müssen, bis eines der männlichen Familienmitglieder herauskommt und sie fragt, was sie denn möchten. –

Hafiza ist fünf Tage mit den Jungen in den Bergen gewesen, und bei ihrer Heimkehr kam die Polizei ins Haus. Der Arzt des winzigen Kreiskrankenhauses hatte sie auf die Liste der leichten Mädchen setzen lassen, die polizeilich überwacht werden – weil sie mit einer Gruppe Männer losgezogen und nicht vor Dunkelheit zurückgekehrt sei.

Ihre Kollegen gehen auf die Barrikaden. Stellen den Arzt (ein unerhörtes Vorkommen in einer so streng hierarchisch gegliederten Gesellschaft) erregt zur Rede. Ich sitze bei der Auseinandersetzung nur beobachtend dabei, vorgebend, ich verstünde die Lokalsprache nicht. Nach arroganter anfänglicher Selbstverteidigung gibt der Arzt betreten seinen Fehler zu. „Und wenn wir als Männer die notwendigen gesellschaftlichen Änderungen sabotieren, wie soll sich die Lage der Frauen in den

Dörfern jemals ändern?" sagt Ashraf ernsthaft, nachdenklich und überzeugend. Der junge Arzt lenkt kleinlaut ein ...

„Gefallen im Heiligen Krieg"

Wie auch ich von den Jungs lerne, dazu eine Geschichte: die Geschichte mit der Brücke. Die Gebirgsbewohner haben Wegmarkierungen in den Felsen nur so weit eingeschlagen, daß man gerade einen Fuß hineinstellen kann. Unten gurgelt der Bach. Den zweiten Fuß muß man um den Felsen herum einstellen. So etwas könnte ich nie allein. Nicht nur, weil ich seit meiner Schulzeit unsportlich bin; ich habe auch sehr schnell und sehr leicht Angst. Dieser Rollentausch, der in solchen Situationen zwischen den Jungs und mir geschieht, ist für beide Seiten eine große Erfahrung. Der Fahrer entscheidet, bis wohin er den Jeep fahren kann und von wo an wir laufen müssen, weil es eben zu gefährlich wird. Dann übernimmt der Junge aus dem Gebiet das Kommando, wie, wo und wohin man läuft. Wenn wir fachlich arbeiten, übernehme ich das Kommando. Fazl hat sich damals so verhalten. Er sagte: „Gehen Sie nicht so, daß Sie hinunterschauen, laufen Sie so, daß Sie die Wand sehen. Und jetzt hierher, den Fuß dahin setzen." Ich war stolz, daß ich den Einstieg geschafft habe, und befand mich in Siegesstimmung. Nach etwa 20 Minuten, als wir um die Bergnase herumgekommen waren, sah ich die Brücke, eine Hängebrücke. Eine, über die ich nicht gehen kann: Drahtseile, über die Planken gelegt sind. Sobald man drauftritt, beginnt das Ganze über dem Abgrund zu schaukeln. Man kann aber, wenn man die Balance verliert, nicht auf die Seite treten. Dann kippt die Planke um. Ich dachte: Es hat keinen Sinn, daß ich hier den Heroischen spiele. Und hätte fast geheult. Nachdem wir diesen Einstieg geschafft hatten! Die Patienten waren alle auf der anderen Seite. Ich sagte: „Ich kann nicht, da falle ich herunter." Zurückgehen wollten wir aber auch nicht.

Fazl, er ist nicht größer als ich, war auch noch nie da. Er weigerte sich auch, einen Dörfler zu holen. Schließlich fand er den Ausweg: „Ich trage Sie hinüber", sagte er, „machen Sie die Augen zu." Er trug mich auf den schwankenden Planken hinüber. Ich hatte die Augen geschlossen. Er setzte mich am anderen Ufer lachend ab. „Sie mit Ihren 50 kg – es war ganz einfach", sagte er. Und dann: „Wenn es ein anderer getan hätte, da hätte ich nicht zuschauen können. Wenn es schiefgegangen wäre, dann wären wir wenigstens beide ..." und dann sagte er: „Shahid hogei", ein Fachausdruck des Korans, wörtlich übersetzt: „im Heiligen Krieg gefallen". Wir lachen beide und beginnen den Aufstieg zum Haus des Patienten.

Das neue Leben des Mubarik

Die Lepraarbeit ist nur mein Vehikel, mit dem ich in die pakistanische Gesellschaft eindringen kann. Mit dem, wofür ich stehe. Ich habe kein abstraktes Konzept, das ich anwenden, übertragen oder zum Erfolg bringen will. Aber da, wo ich das Gefühl habe, hier ist das geschehen, wovon ich geträumt habe, da ist es über die Jungs geschehen. Und es geht wirklich nur so. Eines ist etwa das Durchbrechen des starren Verhältnisses von Vorgesetzten und Untergebenen. Wo eine Sache besser läuft, obwohl nicht stramm gehorcht wurde. Es läuft einfach durch Osmose. Da gibt es die schöne Geschichte mit Mubarik. Er ist Patient, Afghane, den wir erst kürzlich angestellt haben.

Eines Tages, morgens, warf mir Mohammed Hassan ganz unabsichtlich Sonne über den Weg. Ich traf ihn auf der Treppe. „Hör", sagte ich, „ist das wahr, Mubarik hat sich freiwillig für den schwierigsten Posten in Beluchistan gemeldet, was ist in den Jungen gefahren?"

„Das ist echt", sagte Hassan, „darauf können Sie sich verlassen."

„Wieso", sagte ich, „das Baby" –

„Ist er nicht mehr", sagte Hassan, „wenn Sie fünf Minuten Zeit haben, erzähle ich Ihnen, warum."

Ich nahm mir die fünf Minuten.

Und das ist die Geschichte.

Mubarik ist Lepraassistent. Er hatte seine Stelle verloren, weil er bei einer Missionsgesellschaft hinausgeflogen war. Als er sich bei uns bewarb, brauchte ich gerade Verstärkung fürs Team in Beluchistan. Ich sagte ihm, er könne mitkommen.

Mubarik machte Ausflüchte. Er sei doch Patient. Wie könne er die Strapazen der Reise überstehen. Und er könne die Hitze nicht vertragen. So lange zu Fuß schon gar nicht.

„Ach was", sagte ich, „du bist dreißig Jahre jünger als ich, was ich kann, kannst du noch längst."

Und er hätte noch nie Fladenbrot gegessen, nur Reis –.

„Ich auch nicht, ehe ich nach Pakistan kam", sagte ich ganz unpädagogisch und ungeduldig, „also wenn du willst, kommst du morgen um sechs mit deinen Sachen ins Krankenhaus, 6.15 Uhr fahren wir ab."

Mubarik kam.

Mittags erreichten wir die letzte Kreisstadt. Dann begann die Fahrt in die Wüste. Abends übernachteten wir in einem der „Hotels" von Beluchistan, Strohhütten am Rande der Piste. Das Team aß Fladenbrote. Mubarik hatte sich Kekse mitgebracht.

Am nächsten Tag das gleiche: Mittags: das Team aß Fladenbrote. Mubarik Kekse. Am Abend: wir Fladenbrote, er Kekse. Dann waren die Kekse aufgebraucht.

Es hatte am Tage geregnet. Die Durchquerung eines der reißenden Regenwasserflüsse hatte uns mehr Zeit gekostet, als wir veranschlagt hatten. Keine Hoffnung, unser Ziel am Abend zu erreichen. Ein Ziegenhirte nahm uns in sein Zelt auf. Wir teilten die Wolldecken brüderlich, die wir im Jeep hatten.

Der Regen hatte die Piste weithin zerstört. Der Jeep sprang und tanzte über die Schlaglöcher. Es gab nur einen gefederten Sitz im Wagen. Wir einigten uns auf Sitzwechsel nach jeweils 50 km: damit jeder einmal auf dem gefederten Sitz sitzen konnte.

„Warum erzählst du mir das alles", frage ich Hassan. „Ich bin doch dabeigewesen."

„Wegen Mubarik", sagt Hassan. „Mubarik ist als Kind von seinen Eltern ausgestoßen worden. Er hat seine ganze Kindheit in einem Leprosarium verbracht. Er ist dort in die Schule gegangen, hat dort seine Ausbildung gemacht, hat dort gearbeitet; die Schwestern haben viel für ihn getan, aber er hat das Leprosarium nie verlassen. Sie haben Ihre Decke mit ihm geteilt, Sie haben hinten im Jeep gesessen und ihm den gepolsterten Sitz überlassen, Sie haben seine Krankheit total ignoriert – er sagt, er habe nie gewußt, nie geträumt, niemals zu hoffen gewagt, daß er noch einmal als *normaler Mensch* behandelt werden würde – keine Furcht und keine Rücksicht und keine Sonderbehandlung, sondern einfach so, ganz normal –."

Das hat sein ganzes Leben geändert.

„Sie können sich darauf verlassen", sagt Hassan: „Mubarik traut es sich zu. Schicken Sie ihn nach Beluchistan. Es ist ihm ernst."

Ich war den ganzen Tag noch richtig ein wenig beschwingt. Der Herrgott hat Humor. Da hatten wir einen Patienten auf die Beine gestellt, ohne jede Absicht. Sechs Wochen unbeabsichtigte Psychotherapie, und das Ergebnis: eine freiwillige Meldung auf den schwierigsten Posten in Beluchistan. Das Team muß doch also offensichtlich in Ordnung sein, daß es so etwas erreicht, ganz nebenbei.

Ich sagte Mubarik, es wäre okay mit Beluchistan, und daß ich froh wäre, daß er sich gemeldet hätte. Er sagte, er brauche noch ein Mikroskop und Laborgeräte, und wenn es sich machen ließe: einen Schlafsack! Denn es gäbe keine medizinische Grundversorgung in dem Gebiet: deshalb das Mikroskop, damit er wenigstens die häufigsten Krankheiten richtig diagnostizieren könne; und er wolle ja doch nicht in der Außenstation sitzen, sondern die Dörfer besuchen: deshalb der Schlafsack. Ich versprach, mich zu bemühen, beides zu verschaffen.

„Die gleiche Decke, das gleiche Essen, der gleiche Sitzvorteil. Bei Mubarik hat das das Leben völlig umgekrempelt." Ich habe es nicht einmal gemerkt.

Als der Jeep zur Seite rutschte

Das schönste Erlebnis hatte ich mit Ashraf, dem verantwortlichen Teamleiter für die Leprahilfe in Kashmir. Einmal ging er morgens um 11 Uhr auf Fahrt, an einem Tag, an dem es in Strömen regnete. Diese Gebirgspfade bestehen aus rotem Lehm, der in solchen Situationen wie Schmierseife wirkt: Links der Berg, rechts der Abgrund. Jedesmal, wenn der Wagen nach der rechten Seite wegrutschte, erstarb das Gespräch im Jeep. Wenn er nach der Bergseite rutschte, nahm es Ashraf wieder auf. Nach zwei Kilometern sagte ich: „Ashraf, ist das denn wirklich nötig?" Er: „Ja!" Okay! Er ist der Teamleiter. Ich habe mir die ganze Fahrt über den Kopf zerbrochen, wieso ich Küken ausgebrütet habe, die sich so verantwortungslos benehmen. Daß er das ganze Team in Lebensgefahr bringt! Wir hätten ja ruhig noch einen Tag warten können. Möglicherweise wäre er nicht durchgekommen, wenn es weitergeregnet hätte. Okay! Dann hätten wir eben weiter warten müssen. Wir waren wirklich der einzige Wagen unterwegs. Nur eine Militärstreife überholte uns; als sie fragte, wieso wir unterwegs seien, erwiderte ich: „Ashraf hat gesagt, wir müssen fahren." Weiter unten im Tal hatten wir dann noch einen Patienten zu versorgen. Es ging einen Steinweg hoch zu seinem Haus. Ashraf sagte: „Da keine Frauen in diesem Dorf sind, können Sie hier unten bleiben. Wir haben nur Medikamente hochzubringen. Wenn Sie mitgehen, brauchen wir zwei Stunden, wenn wir allein hochgehen, brauchen wir nur zwanzig Minuten. Warum warten Sie nicht?" Ich wartete also unten im Wagen, dann kamen die drei wieder herunter. Man konnte sie den ganzen Steilhang herunterrasen sehen. Offensichtlich hatten die drei oben gewettet, wer zuerst unten sei. Ashraf war der erste, die beiden anderen hinterher, eine halsbrecherische Tour. Und plötzlich ging mir auf: Dieser Entschluß, unter diesen Umständen loszufahren, war bei Ashraf gar keine Unverantwortlichkeit. Das war sein Alter. Als er unten ankam, sagte ich ihm: „Es tut mir leid, daß ich die ganze Zeit so genörgelt habe. Mir ist etwas aufgegangen." Und dann setzte sich Ashraf hin und sagte mir: „Ich bin ja so froh, ich habe mir die ganze Zeit den Kopf zerbrochen, wieso Sie so mißmutig sind. Denn als wir durch die Archanala gingen, da war es doch nicht anders."

Die Rückfahrt

Als wir durch die Archanala gingen ... Das lag fünf Jahre zurück, und es war eine Fahrt, bei der ich selber Teamleiter war. Eine Brücke war weggeschwemmt worden, und wir mußten auf die andere Seite des Flusses. An dem Tag hatte das Militär in der Furt den Verkehr eingestellt, weil der Wasserstand zu hoch war. Wir hatten gesagt: „Was das Militär nicht wagt, dazu hat das Leprateam immer noch den Mut". Und wir sind durch die Archanala. Ich habe auf der anderen Seite fassungslos hinter einem Felsen geheult. In der Mitte des Flusses dachte ich: „Das schaffen wir nie."

Danach habe ich so etwas nie wieder gemacht.

Aber Ashraf hatte als meinen Führungsstil die Archanala in seinem Kopf. Und als er in dem Alter war, in dem ich damals gewesen bin, hat er sein Team über diese Strecke gejagt. Da dachte ich mir: So ist das also mit den Kindern. Es kommt heraus, was man ihnen beigebracht hat. Und dann hat Ashraf gesagt: „Wenn ich mir in Musaffarabad überlege, ob ich zurückkomme, dann können Sie sicher sein, dann fahre ich nie los." Und er hatte recht. Bei der Rückfahrt habe ich mir gedacht: Es gibt bestimmt keine Mutter, die das Glück hat, aus fachlichen Sachzwängen auf dem Moped ihres Achtzehnjährigen zu sitzen. Ich habe die Fahrt zurück mit Ashraf genossen. Und ich dachte mir, wenn er sein Archanala-Erlebnis noch nicht hatte, dann kann ihn der Herrgott auch nicht abstürzen lassen. Er wird es auch nicht. Wenn *ich* es heute machen würde, ginge die Sache schief.

Im Namen Gottes, des Allerbarmenden

Was wir am meisten Freude macht, ist die Natürlichkeit dieser Jungs. Es gibt eine Gemeinschaft, die man in keinem anderen Lehrverhältnis aufbauen kann. Ich habe mich oft gewundert – und wundere mich immer noch –, warum die das machen. Ich weiß es bis heute noch nicht. Ich verlange natürlich von ihnen, daß sie Strapazen auf sich nehmen. Aber ich wundere mich, daß sie es machen. Wichtig ist ein gutes Kernteam. Der Rest ergibt sich mehr oder weniger von selbst. Wesentlich mitgeprägt haben diese Kerngruppe Kinder leprakranker Patienten und auch geheilte Leprapatienten.

Sultan Mohammed ist unser erster Lepraassistent, der nicht leprakrank ist. Dieser Junge ist in einem Wallfahrtsort aufgewachsen, in dem es eine Quelle gibt, von der es heißt, daß sie Lepra zwar nicht heile, aber Erleichterung brächte. Darum hat sich dort eine Leprakolonie angesiedelt. Aus irgendwelchen Gründen ist dies dem Jungen nahegegangen. Und er hat mich mit Briefen bombardiert, er wolle lernen, wie man Lepra ausheilt. Denn in seinem Lande gäbe es keine Behandlung. Als sich dann ein kleiner Bruder von Charles de Foucauld in diesem Ort ansiedelte, mit ihm Kontakt bekam und ihn in seinem Entschluß bestärkte, habe ich ihn schließlich kommen lassen. Viele haben dann ihre Freunde nachgezogen, und auf diese Weise entstand eine sehr exklusive Gruppe. Ich habe dieses elitäre Bewußtsein auch gepflegt. Denn in der sozialen Struktur werden sie durchaus als die „Doofen" angesehen: wer zu nichts anderem mehr gut ist, der kann immer noch in die Leprahilfe gehen. Sie haben sich energisch dagegen gewehrt und sich als Berufsgruppe einen hohen Sozialstatus erfochten. Sie lassen auch nicht jeden in die Gruppe. Es gibt auch ein Gelübde, das man ablegt, ehe man in die Gruppe der Lepraassistenten aufgenommen wird. Es ist sehr lang, aber sehr schön. Sie haben es selber zusammengestellt, angelehnt an den hippokratischen Eid und den Eid der Krankenschwestern. Abgelegt wird es im Namen Gottes, des Allerbarmenden. Es wird versprochen, daß Patienten nicht unterschiedlich behandelt werden, von welchem Stamm, von welcher politischen oder sozialen Zugehörigkeit sie auch sind, daß man sich weiterbildet, daß man keine medizinische Verantwortung übernimmt, für die man nicht ausgebildet ist. Daß man sich gegenseitig akzeptiert und miteinander arbeitet, daß man das Berufsgeheimnis wahrt. Alle leben aus einer stark religiösen Motivation. Es ist wie Luft, die sie atmen. Man muß sich gar nicht um eine neue religiöse Terminologie bemühen. Ich könnte jederzeit sagen, ohne mich zu verkrampfen: „Ihr wißt, ich kann euch nicht überwachen. Aber ihr wißt auch, daß Gott euch sieht." In der Arbeit ist kein übergroßes Sozialprestige, da ist kein Geld zu verdienen. Es ist ein gottgefälliges Leben – und von daher kommt auch ihr elitäres Bewußtsein. Von daher auch das große Vertrauen, daß alles gutgeht.

Für die Jungens gilt, was letztlich auch für mich gilt. Mit einer bloß humanitären Motivation läßt sich eine solche Sache nicht durchhalten. Dazu sind die Frustrationen, die Schwachstellen, die Probleme zu groß. Mich hätte das wirklich fast umgebracht, was alles nicht zu machen ist. Und für Abdullah ist es nicht anders. Wenn er morgens in den Bergen aus seinem Bett aufsteht und den Schnee sieht und die Kälte spürt, und dann doch zu den Patienten geht, dann muß die Kraft dazu aus der Tiefe kommen.

In der Regel geht es gut

Noch eine Geschichte mit Abdullah. An unserem Jeep brannten am zweiten Tage die Zündkerzen durch. Wir hatten keinen Ersatz dabei. Die einzige Möglichkeit war, zu Fuß weiterzugehen, den Fahrer zurückzuschicken, Zündkerzen besorgen. Eine Dreitagereise. Wir liefen los, um vier Uhr nachmittags im Himalayagebirge. Ich fragte Abdullah: „Wo werden wir übernachten?" Abdullah: „Wir laufen, bis es dunkel wird, und dann sehen wir, wo wir sind." – Diese Möglichkeit, sich so völlig der Situation anzuvertrauen, die Idee, daß so etwas schiefgehen könnte, gar nicht aufkommen lassen! Abdullah war ja in einem Auftrag unterwegs, der gottgefällig war. Es war November. Eine Nacht unter freiem Himmel ist außerordentlich kalt. Aber das Komische ist, daß es in der Regel gutgeht. Ich sage nicht, daß es in der Regel problemlos geht. Das in keiner Weise. Der Satz „Es geht in der Regel gut" ist nicht so harmlos wie Tante Annas Lindenblütentee. Er ist nur sinnvoll, wenn man das Kreuz dabei mitdenkt. Natürlich kann es schiefgehen. Und die Bereitschaft gehört dazu, das, was schiefgeht, in etwas Positives umzumünzen.

Warum läßt du das zu, Gott?

„In Gottes Händen." Das muß man ernst nehmen.
Shamsher brachte das Telegramm.
Es war 20 Minuten nach acht Uhr morgens. Ich stand im vierten Stockwerk auf der Treppe, Abdul Salam ...
tot ...
24 Jahre alt. Er hatte im letzten Jahr seine Ausbildung als Leprahelfer gemacht. Ein Junge aus den Bergen: wach, begeisterungsfähig, hingabebereit, an ein hartes Leben gewöhnt. Er hatte eine der unerschlossensten Bekämpfungszonen in Azad übernommen, war vor sechs Wochen zum Hauptverantwortlichen für ein Leprabekämpfungszentrum ernannt worden, aufgrund seiner guten Arbeit ...
Der Unfall war bei Noseri passiert: Der Bus war in den Abgrund gestürzt. Die „Straße" von Noseri nach Athmugam und weiter nach Sharda und Kehl, ein suizidaler Ziegenpfad, in den Berg gehauen, gerade breit genug, daß die Räder des Wagens Platz haben. Ich bin ihn oft gefahren – niemals, ohne bereit zu sein ... Einmal brauchte ich unbedingt eine Unterschrift unter ein Abkommen, wir kamen und kamen nicht weiter. Dann lud ich den verantwortlichen Beamten unschuldig nach Kundl Shahi ein – um nach Kundl Shahi zu kommen, muß man die Straße über Noseri fahren. Ich brachte das Gespräch wie zufällig auf das Abkommen, kurz nach Noseri. Der Beamte sagte nur abwesend: „Ja, ja" zu allem, die Augen starr geradeaus, die

Knöchel weiß, so waren die Hände verkrampft. In Kundl Shahi bekam ich die Unterschrift, auf die ich so lange vergeblich gewartet hatte: Ich hatte ihn endlich überzeugen können, daß die Jungen mehr als einen gewöhnlichen Einsatz leisten.

Es gibt Hunderte, Tausende von Straßen im Norden, die gleich gefährlich sind wie die von Noseri. Und trotzdem ist den Leprateams noch nie etwas passiert. Als ich den verrückten VW-Bus-Unfall baute – als der Suzuki-Jeep den Berg hinunterfiel – als sich der Willy-Jeep im Felsen verfing und der Wagen dadurch in letzter Sekunde zum Stehen kam –.

Einmal, als wir im trockenen Flußbett von den Sturzfluten überrascht wurden und wir es wider aller Erwarten noch schafften, Allrad-Antrieb, Suzuki-Jeep, da sagte das Dorf, keiner wäre da durchgekommen, aber das Leprateam, mit dem habe es schon was auf sich, dem passiere nichts, der Herrgott könne es sich nicht leisten, die zu verlieren –.

Und wir haben alle in der Überzeugung gelebt: daß es sich der Herrgott nicht leisten kann, uns zu verlieren.

Es ist zu oft und zu wundersam gutgegangen, als daß wir nicht hatten die Überzeugung entwickeln müssen: daß es mit dem Leprateam etwas Besonderes auf sich habe –.

Und jetzt Abdul Salam!

Der ganze Bus. 34 Todesopfer.

Warum tust du das? Warum läßt du das zu? Wäre es dir nicht ein leichtes gewesen, diese Fahrt zu verhüten? Du wußtest doch, daß die Bremsen nicht in Ordnung sind. Es gibt doch so viele Bergrutsche, zur ungelegenen Zeit, warum hältst du solch einen Bus dann nicht durch einen Bergrutsch bei Dhanni auf?

Ich sehe auch heute keine Alternative

Tapferkeit – nein, es hat nichts mit Naivität zu tun. Es sollte nichts mit Naivität zu tun haben. Wie sagt doch Thomas von Aquin? „... die Bereitschaft, sich um des größeren Gutes willen verwunden zu lassen ..."

Und Vertrauen hat nichts mit einem magischen Vertrag zu tun – oder sollte nichts zu tun haben mit Magie. Du bist mit den Leprateams – natürlich bist du mit den Leprateams, sonst könnte ich es nie wagen, sie auf *solche* Straßen zu schicken – du bist mit den Jungs, auch wenn ich nicht sehen kann, wie du mit Abdul Salam gewesen bist ...
Dein Wille geschehe.
Wenn nichts passiert – und wenn etwas passiert.
Dein Wille geschehe.
Verrückt. Ist da vielleicht irgend etwas Einsichtiges dabei?
Nicht, daß ich es sähe.
Aber ich habe alles auf eine Karte gesetzt. Irgendwann in meinem Leben habe ich entschieden, daß ich alles auf *diese* Karte setze. Weil ich keine Alternative sah. Und ich sehe auch heute noch keine Alternative.

Der Gewerkschaftskonflikt

Hintergründe

Meine schlimmste Zeit war während des Gewerkschaftskonflikts. Ich wäre bald daran gestorben. Ich konnte fast nicht mehr. Das ging so weit, daß ich damals nicht einmal mit einem meiner Leprahelfer in einen Aufzug gestiegen bin, ohne das Gebet um einen guten Tod zu beten: „Ich nehme den Tod an, ganz gleich in welcherlei Gestalt." Die hätten sicher über meiner Leiche eine Staatstrauer veranstaltet, ganz bestimmt. Aber in dem Klima, das damals herrschte, waren die Reaktionen total unvorhersehbar.

Die Geschichte ist nur auf einem komplizierten Hintergrund zu verstehen: Ich war immer davon überzeugt, daß Pakistan eine Gewerkschaftsbewegung braucht. Und ich meine das heute noch. Ich bemühte mich, demokratisch zu sein. Ein anderes, gültiges Führungsprinzip konnte ich mir nicht vorstellen. Demokratische Verfahren können aber bekanntlich auf viele Weisen interpretiert – und mißbraucht werden. In der Frühgeschichte des Krankenhauses traf dieser Stil auf ein Wertsystem und ein Gesellschaftsgefüge, denen der Zugang zu jeder Art Konsultation und Mitbestimmung schwerfallen, wenn nicht unmöglich sein mußte. Nachgeben ist Schwäche, Fragen beweist Unsicherheit. Delegation war nur als Delegation von Arbeit, nicht von Verantwortung zu verstehen. Es hat mich immer fasziniert, daß Urdu eine eigene grammatische Form für den Tatbestand besitzt, daß man „jemanden veranlaßt, die Arbeit zu tun": Ein einfaches Einschieben eines „a" in ein Verb ändert die Bedeutung von „Selbsttun" zu „es jemanden anderen tun lassen": „uthna" = aufheben, „uthana" = jemanden es aufheben lassen.

Mir waren die Schwierigkeiten zu Beginn nur sehr am Rande bewußt: Etwa, wenn ich in einen Streit mit einem sehr undemokratischen Kommandowort eingriff – und zu meinem größten Erstaunen nicht den erwarteten Protest, sondern allgemeine, zufriedene Zustimmung erntete.

Das persönliche „Gefolgschaftsverhältnis" war so eng, daß sich keine ernstlichen Schwierigkeiten hätten ergeben können. Und langsam wuchsen einige von „meinen Jungs" doch in demokratische Spielregeln hinein, sahen schließlich ihr Recht auf Mitbestimmung (ausgeübt in regelmäßig abgehaltenen „Staff-Meetings", d. h. Personalzusammenkünften) als etwas, was ihnen zukam. Daneben gab es aber auch Mißbrauch. Einen Mißbrauch, der um so schwieriger wurde, als unsere Arbeit sich explosionsartig entwickelte. Nur wer den charismatischen Beginn der Arbeit, gegen alle Widerstände, miterlebt hat, nur wer die trotzige Entschlossenheit und den unerschöpflichen Humor in allen Widerwärtigkeiten beim ersten Team kennt, kann verstehen, wieso auf dieser Grundlage eine Organisation entstehen konnte, die bereits über hundert Angestellte besaß, aber noch keine Verwaltung. Nicht einmal eine Buchhaltung. Es war ein überfälliger Schritt, dem Abenteuer der Liebe eine institutionelle Form zu geben. Als wir einen Verwaltungsdirektor einstellten, gab es weder Arbeitsverträge noch Urlaubsregelungen, weder Tarifbestimmungen noch Disziplinarverfahren und eine weitgehend nur mündliche Überlieferung des allfälligen Geschäftsgebarens.

Der Tote vor dem Fabriktor

Vielleicht wären wir leichter über diese unsere Krise gekommen, wäre sie nicht in eine Zeit gefallen, in der sich Pakistan in vollem Aufruhr befand. In den größeren Städten herrschten von 1968 bis 1970 bürgerkriegsartige Zustände. Gewaltmaßnahmen waren an der Tagesordnung: urdu- gegen sindisprechende Bevölkerung, Baluchis gegen Panjabis, West-Pakistanis gegen Bengalis, Arbeiter gegen Unternehmer. Ich hatte damals unter meinen Freunden einen Deutschen, der Personalchef bei Siemens war. Er klärte mich über die Vielschichtigkeit dieser auch stark von Stammesstrukturen geprägten Eruption auf. Eines Tages rief er mich an und sagte: „Ich habe heute meinen fähigsten Mann vor dem Fabriktor gefunden. Mit heraushängenden Gedärmen."

Dieser Freund ist Hals über Kopf abgereist.

Der Krieg gegen Indien 1971 brachte noch einmal „nationale Einheit". Mit dem Fall Daccas setzte aber die eigentliche Krise ein. Diesmal eine echte Identitätskrise, die das Konzept „Pakistan" von der Wurzel her in Frage stellte: Hier waren ja Muslime gegen Muslime aufgestanden und hatten das Heimatland der Muslime nationalistisch überspielt.

Wertsysteme brachen erschreckend rasch, über Nacht, zusammen. Die Krise im Politischen ist immer eine Krise im Religiösen. „Meine Jungs", die ganz selbstverständlich von dem Elitebewußtsein gelebt hatten: „Ihr seid von Gott auserwählt für diesen Dienst" – sie fragten mich plötzlich verunsichert und erschreckt: „*Warum* sollen wir das denn alles auf uns nehmen? Wir sind ja doch nur die Doofen!" In dieses Vakuum der Werte drang kommunistisches Gedankengut. „Volkspartei, Volkszeitung, Volksuniversität, Volksführer" – was nicht das Präfix „Volk" trug, war nicht modern. Recht war, was Arbeitern, Bauern und Studenten nützte. Es kam zu mini-kulturrevolutionsartigen Zuständen. Die Produktion wurde lahmgelegt. Der Erziehungssektor kam zu Schaden.

Hamid, ein ungewöhnlicher Junge

Auch auf unser Krankenhaus schwappte diese Welle. Das vulgär-kommunistische Gedankengut wurde in unserem Team von Leprahelfern am geschicktesten und entschiedensten von Hamid vertreten. Hamid war ein ungewöhnlicher Junge. Intellektuell, klug bis zur kalten Berechnung. Voller Initiative, mit dem Mut, sich zu exponieren. Wir hatten ihn buchstäblich von der Straße aufgelesen, in fürchterlichem Zustand. Bihari von Ost-Pakistan, an einer fortgeschrittenen hochinfektiösen Lepra erkrankt. Wir nahmen ihn auf, behandelten ihn. Keiner hat sich unter der Behandlung so rasch gebessert wie er. Es war ein Vergnügen zu sehen, wie da wirklich ein Mensch herauskam. Wir ließen ihn am Ausbildungskurs für Leprahelfer teilnehmen, da er infolge seiner Krankheit keine andere Stelle annehmen konnte. Wir stellten seine Frau, später seinen Schwager ein, um der Familie einen Neuanfang zu ermöglichen, verschafften ihnen eine Dienstwohnung.

Zerstörerischer Einfluß

Von welchem Punkt an mir die Entwicklung aus den Händen geriet und schieflief, weiß ich nicht. Hamid war doch selbst durch alle Tiefen der Krankheit gegangen. Ich hatte geglaubt, er habe in der Lepraarbeit ein Betätigungsfeld für seine Tatkraft, für seine (unzweifelhaft vorhandene) Träumerei, „den Armen zu helfen", gefunden. Ich kann mir einfach nicht vorstellen, daß diese Sehnsucht, „dem anderen solle auch sein Recht zukommen", nur bewußt und raffiniert vorgeschobene Schauspielerei war. Aber dann fiel mir auf, als ich in seine Dienstwohnung kam, daß da plötzlich ein Fernsehapparat stand. Von jeder Gehaltserhöhung, die ich mit ihm als Gewerkschaftssekretär ausgehandelt hatte, ließ er sich einen Anteil von 10% von den anderen ausbezahlen. Die Arbeitsmoral sank in der Folgezeit deutlich. Überstunden lassen sich im Krankenhaus ja nicht vermeiden. Wenn es dazu kam, sagte der Betroffene zu mir plötzlich: „Wenn Sie mich bezahlen, bleibe ich hier." So etwas war bis jetzt nie vorgekommen. Meine Reaktion: „Ja, weißt du denn nicht mehr, wie es dir ging, als du selber krank warst?" Er darauf: „Ich habe lange genug unterbezahlt gearbeitet!"

Als ich versuchte, mit einigen darüber zu sprechen, und

fragte – da redeten die nicht mehr mit mir. Es kam zu massiven Streikdrohungen, zu Arbeitsniederlegungen.

Es war bald klar, daß der Einfluß Hamids auf die anderen bewußt und gewollt zerstörerisch war.

Das Rechte tun

Ich sah in dem Jungen aber noch etwas anderes. In diesem brillanten und kaltschnäuzigen Charakter war eine hungrige Seele. Vermutlich war ich die einzige, die Hamid in Situationen kennengelernt hatte, in denen er nur hilflos war. Ich habe daher einen Zugang zu ihm wie niemand sonst. Offensichtlich war er ein Junge, der von seinem Vater nur anerkannt wurde, wenn er eine Leistung erbrachte. Und wenn etwas, was er anpackte, nicht gelang, dann konnte er sich das nicht verzeihen. An eines der nächtlichen Gespräche, die wir zu Beginn noch miteinander führten, erinnere ich mich noch: Ich hatte vorgeschlagen, daß wir in unseren Entscheidungen uns darauf einspielen sollten, „das Rechte" zu tun. Es war noch genügend islamische Substanz in Hamid, daß er nicht abstreiten würde, daß es „Recht" und „Unrecht" gab. Hamid schwieg eine Weile. Dann sagte er nachdenklich: „Es wäre schön, wenn man danach leben könnte ..." Kurz darauf verabschiedete er sich. Ich blieb zurück und bestürmte alle Heiligen des Himmels, Hamid doch in dieser Entscheidung beizustehen!

Am nächsten Morgen traf er mich auf der Teppe. Mit seinem üblichen kühlen und undurchdringlichen Lächeln. „Ich habe es mir überlegt", sagte er beiläufig. „Das ist vielleicht richtig für Sie, in meinem Leben gilt: Recht ist, was nützlich ist, und ich habe nicht vor, das zu ändern."

Gesetz der Gewalt

Ich habe es versucht, versucht und immer wieder versucht. Länger, als es der Arbeit gutgetan hat; länger, als es sich eigentlich verantworten ließ. Ich habe gemeint, *wenn* jemand Hamid noch erreichen könnte, dann könnte das nur ich sein. Und er tat mir auch leid. Zwischendurch hatte er einen Rückfall, den er mit zusammengebissenen Zähnen durchstand. Aber als er dann meine Sympathie berechnend in sein Kalkül mit einbezog: „... Was wollt ihr denn gegen mich tun, Doktor Pfau steht doch auf meiner Seite ...", da habe ich ihm den Kampf angesagt, ganz offen, mit der Begründung: „Es geht jetzt nicht mehr um dich oder um mich, sondern um das Schicksal aller Leprakranken in Pakistan." Um diese Zeit waren die Unruhen im Krankenhaus so angewachsen, daß an eine geregelte Arbeit nicht mehr zu denken war. Damals hängte Hamid ein Transparent auf: „Was ihr uns nicht gutwillig gebt, das nehmen wir uns mit Gewalt." Ich hatte bei Siemens miterlebt, wozu das führen konnte. In meinem Krankenhaus wollte ich das nicht miterleben.

Dann noch eine Erfahrung zwischendurch, die mir Einblick in die Gewerkschaftsbewegung des damaligen Pakistan gab: Der Sekretär des Krankenhausverbandes war aus einem Stammesgebiet, das ich zufällig kannte. Dort herrscht das Gesetz der Kugel. Ich hatte damals Schwierigkeiten mit Mohammed Isa, einem unserer Angestellten, der aus dem gleichen Stammesgebiet kommt und den wir entlassen mußten. Da kam dann dieser Sekretär und sagte mir: „Wenn Sie Mohammed Isa wieder einstellen, dann werde ich Hamid in mein Dorf einladen. Und Sie wissen ja, da fragt keiner, wenn er nicht zurückkommt."

Als er merkte, daß ich darauf nicht eingehen konnte, war er ganz fassungslos: „Sie hatten meinem Stamm so gedient, ich wollte Ihnen nur helfen." Und er ließ nicht locker: „Sie brauchen sogar Mohammed Isa nicht einzustellen." Wenn also einer, der die Macht eines Gewerkschaftssekretärs hat, in den Kategorien der Blutrache denkt, dann kann man sich vorstellen, was sich dabei abspielen kann.

Verlorene Ziele

Es war Hamid immerhin gelungen, die Belegschaft so „geschlossen" hinter sich zu bringen, daß er zur Gefahr werden konnte. Einige Gründe für seinen „Erfolg" sind für mich einsichtig.

Da waren einmal die „Arbeitsverträge" für gewisse Patienten. Diese waren im Krankenhaus „hängengeblieben", machten sich ein wenig nützlich, bekamen dafür Essen und gelegentlich auch Taschengeld, und warteten darauf, daß unsere Sozialabteilung für sie eine Lösung fände. Meistens hofften sie auf eine Anstellung in unserer Klinik. Verständlich, daß sich diese stillschweigend geduldete Einrichtung als „Ausnützung billiger Arbeitskräfte" interpretieren ließ. Und das noch mit dem stark emotional überlagerten Argument: Weil ihr Leprakranke seid, werdet ihr schlecht bezahlt.

Die vom M.A.C. gezahlten Löhne entsprachen insgesamt nicht ganz meinen Vorstellungen von dem, was der Papst in „Populorum progressio" als Richtlinie ausgegeben hatte. Ich ging in der Frage der Entlohnung nicht ganz konform mit meinem Orden. Ich spürte da die Meinung: die sollen doch dankbar sein, daß wir überhaupt etwas für sie tun. Unsere Tarifverträge waren nicht besser als die der Regierung. Und die der Regierung waren sozial kriminell. Ich hatte immer darum gekämpft, daß wir mehr bezahlen. Man hielt mir (mit Recht) dagegen: Wir haben keine regelmäßigen Einkünfte. Schließlich erhalten diese Leprahelfer freie Behandlung. Meine Ansicht war: Wenn man einem Leprakranken Selbstwertgefühl zurückgeben will, dann muß man ihn bezahlen wie einen Gesunden. Besonders wenn er arbeitet wie ein Gesunder.

Und viele von denen taten es ja. Ich hatte also unsere neugegründete Gewerkschaft ein wenig dazu benutzt, um unter ihrem Druck das durchzusetzen, was ich nur mit meinen Argumenten nicht vermocht hatte. Und ich merkte zu spät, daß Hamid es „als Nachgeben auf den von ihm ausgeübten Druck" auslegte.

Jetzt schien alles zerstört. Was in 10, 12 Jahren aufgebaut

worden war: gegenseitiges Vertrauen, offene und aufbauende Kritik, gemeinsame Ziele – das schien über Nacht verloren.

Warum?

Verhandlung

Verhandlungen am Arbeitsgericht, die ich erzwungen hatte, weil ich fürchtete, daß die Unruhen in Gewaltakte ausarten würden, ergaben die ersten Hinweise. Es kam zu einer Verhandlung, bei der ich wenigstens einmal die Möglichkeit hatte, eine Frage zu stellen. Die anderen konnten mir nicht ausweichen. Es ging um Geldforderung im Zusammenhang mit der Entwertung der Rupie. Hamid hatte die Hoffnung erweckt, er werde dafür sorgen, daß die Gehälter im gängigen Umrechnungskurs ausgezahlt würden: Um diese Zeit 130 Prozent höher als vor der Entwertung. Ich hatte damals nein gesagt – ein klares Nein – und es begründet: Unser Etat wird in Rupien bewilligt, damit wir unabhängig sind von den internationalen Schwankungen der Umrechungskurse.

Hamid hatte damals mit allen Mitteln versucht, mich umzustimmen: nicht nur während der offiziellen Verhandlungen mit der Gewerkschaft, sondern auch im persönlichen Gespräch.

Ein Abend ist mir besonders gegenwärtig, als er mit einem Strauß Blumen (Blumen!, in Karachi!) spät abends ins Krankenhaus kam. „Aber ich habe es ihnen doch versprochen, daß sie es bekommen – Sie können doch unmöglich im Ernst wollen, daß ich mich vor der ganzen Belegschaft blamiere –!" Diesmal schien mir seine Sorge echt. Ich mußte doch einsehen, daß er sein „Gesicht wahren" mußte, um jeden Preis, und was kostete es mich schon, das Geld aufzubringen, nur noch dieses eine Mal?

Wir hatten in den vergangenen Tagen hitzige und unerfreuliche Konfrontationen gehabt, in aller Öffentlichkeit; Konfrontationen, in denen Hamids kühle und berechnende Selbstdisziplin nicht ganz durchgehalten hatte. Der Junge tat mir leid. „Du sagst einfach, du habest mit mir gesprochen, und ich hätte abgelehnt, und du hättest dich diesmal getäuscht, da bestünde kein Anspruch – natürlich werden sie es verstehen, daß du auch mal einen Fehler machen kannst, ich mache ja auch Fehler." Hamid starrte mich an, als hätte ich zum Selbstmord geraten. „Aber ich kann doch nicht zugeben, daß ich einen Fehler gemacht habe", sagte er fast verzweifelt.

Bungalow und Limousine

In jenen Tagen hatten – aus politischen Gründen – Arbeitgeber prinzipiell unrecht und Arbeitnehmer recht. Warum mir der verantwortliche Beamte die Möglichkeit einräumte, kurz das Problem klarzulegen, weiß ich nicht. Daß wir uns auf eine 130prozentige Gehaltserhöhung nicht einlassen könnten, weil wir unseren Etat in Rupien bewilligt bekommen und es sich um Spendengelder handelte, über die ich selbst keine Verfügungsgewalt hatte.

An der Reaktion unserer Angestellten (es war eine Delegation von fünf) merkte ich, daß sie diese Erklärung das erste Mal erreichte. Ich wiederholte den Tatbestand noch einmal auf Urdu. Ich sagte: „Das Geld gehört nicht mir, und es ist nicht das Geld meines Vaters. Ich kann darüber nicht verfügen. Wenn ihr Forderungen stellt, kann ich sie in Deutschland vorbringen. Ich kann euch unterstützen bis zu einem bestimmten Grad, bis zu dem ich es für gerecht halte, aber nicht mehr darüber. Es hat keinen Zweck, daß ihr Druck ausübt. Es kommt nichts dabei heraus, denn ich verdiene nichts."

Mohammed Isa daraufhin, unsicher, zu Hamid gewandt: „Aber du hast doch gesagt, sie hätte das Geld für uns bekommen und sich damit einen Bungalow in Pechs gekauft."

„Einen Bungalow?"

„Ja – und eine Limousine."

Das gab mir meinen Humor zurück – und erschreckte mich gleichzeitig. So weit war also die Kommunikation unter uns abgerissen, daß weder sie mich gefragt hätten, noch ich die

Möglichkeit gehabt hätte, Tatbestände zu klären, hätte man uns nicht dieses Schlichtungsverfahren eingeräumt –.

Ich hatte endlich den Anfang des Fadens, von dem her ich langsam das Knäuel ein wenig entwirren konnte. Die Argumentation war folgendermaßen:

„... Ihr habt doch vorher niemals jemanden wie sie gesehen, oder?"

„Nein, niemals ..."

„Warum, meint ihr denn, tut sie das?"

„Wir haben uns ja selbst gefragt – Khuda da kam" („um des Herrgotts willen") –

„Sie ist ungewöhnlich gescheit, findet ihr nicht?"

„Zweifellos!"

„... meint ihr wirklich, daß das wahr ist, was sie sagt?"

Und dann kamen die sattsam bekannten Geschichten von den Ministern, die auch „dem Volke dienten" und sich heute alle Fabriken gebaut haben – ob sie wirklich meinten, es gäbe eine Ausnahme von der Regel? Sie sollten nur mal nach Pechs gehen. – Die Erklärung war so viel logischer, ihren alltäglichen Erfahrungen so viel näher als die fremd-unverständliche, die wir angeboten hatten, daß in der sowieso herrschenden Phase der allgemeinen Ernüchterung – der Traum vom mohammedanischen Reich auf Erden war ja auch ausgeträumt – auch dieser Traum mitbegraben wurde.

Überhaupt waren Hamids Forderungen und Erklärungen so viel einfacher und plausibler. Hatte ich Mitverantwortung angeboten in meinem demokratischen ABC und, darauf basierend, Mitbestimmung, versprach Hamid Mitbestimmung in der Gewinnverteilung – die anstrengende Aufgabe der „Verantwortung" wurde von ihm abgenommen, die anderen hatten nur dem Führer zu folgen. Mitbestimmung wurde in der Gruppe dadurch ausgeübt, daß man öffentlich abstimmte; wer von der Meinung der Mehrheit abwich, hatte mit den entsprechenden Sanktionen zu rechnen – woran man vom Stammesgesetz her noch gewöhnt ist, und was deshalb kaum als Unrecht empfunden wird.

Der Entlassungsbrief

Es kam der Tag, an dem ich endgültig einsah, daß nichts mehr zu retten war. Wenn ich Hamid jetzt nicht fallenließe, würde er andere mitreißen. Unser Verwaltungsdirektor fand schließlich einen Entlassungsgrund und verfolgte ihn mit verbissener Entschlossenheit durch alle Beweisführungen hindurch. Ich unterschrieb den Brief zu seiner Entlassung. Heute bin ich noch nicht darüber hinweggekommen, daß ich es tun mußte. Ich hatte ihm so viel Vertrauen entgegengebracht. Sofort nach seiner Ausbildung hatte ich ihm eine Außenstation verantwortlich übergeben. Das Gebiet, in dem er arbeitete, war von Flüchtlingen bewohnt. Von seinen eigenen Leidensgefährten. Ich hatte gedacht, er hätte wissen müssen, daß er die Chancen für sie auslöscht, wenn er die Arbeit stört. Ich habe nie verstanden, wie er so etwas aufs Spiel setzen konnte. Schrecklich war für mich zu erleben, wie er vom reinen, kristallenen Haß verzehrt wurde. Er hatte – und das hängt mit seiner Kindheit zusammen – überhaupt keinen moralischen Zwirnfaden mehr. Außer diesem Verhältnis zu mir. Und diesen Faden mußte ich durchschneiden. Hamid hat wirklich geglaubt, daß ich es nie über mich bringen würde, ihn hinauszuwerfen. Die Erfahrung, die ich gemacht habe: Wenn jemand das Böse will, so kommt er durch. Aber wenn man mit den gleichen Waffen zurückschlägt, zurückschlagen muß, verrät man das, wofür man steht.

Eine tiefe Verwundung

Die Krise war gelöst. Hamid über die Klinge gesprungen. Die Arbeit lief wieder weiter, ich brauchte mir keine Gedanken zu machen. Aber Hamid war übriggeblieben. Und auch ein Traum von mir war auf der Strecke geblieben. Die anderen sagten: Du bist verrückt. Sie hatten recht. Man warf mir vor, daß meine einseitige Fixierung auf das eine verlorene Schaf die „99 in der Wüste" nicht genügend berücksichtige, die schweigende

Mehrheit im Krankenhaus. Und ich war in Personalunion Chef des Betriebs und die einzige Nonne. Aber warum war ich denn Nonne geworden, wenn ich nicht dem einen verlorenen Schaf nachgehen konnte. Hamid war ja der einzige, der in seinem ewigen Seelenheil gefährdet war. Die anderen waren höchstens in einer Sozialkrise. Von außen gesehen, verlief die Angelegenheit erfolgreich. Aber für mich ist sie so traurig, daß ich fast verzweifelt wäre. Ein unlöslicher Konflikt, der mich tief verwundet hat. Das war meine größte Identitätskrise. Wenn wir nur Lepra bekämpfen, wieso bin ich dann hier? Das könnte die Weltgesundheitsorganisation genauso effizient machen. Wenn die menschliche Zuwendung, wenn die Verrücktheit der Liebe nicht gerettet werden kann, was soll ich dann? Warum gibt uns der Herrgott diese Ratschläge, wenn sie nicht zu praktizieren sind.

Hamid war aus dem Holz, aus dem man Märtyrer oder Verbrecher macht. Er hat uns verraten. Ich weiß. Man muß Ordnung halten. Wir haben einen Job zu tun. Man kann nicht Tausende von Patienten darunter leiden lassen, daß einer die Sozialrevolution in die falsche Kehle bekommen hat. Ich weiß, ich weiß.

Aber warum hat Er uns dann geheißen, die 99 Gerechten in der Wüste zu lassen und dem einen, dem Verlorenen nachzulaufen, wenn Er wußte, daß es nicht getan werden kann?

Einsicht am Indus

Kurze Zeit später bin ich den Indus entlanggefahren, nach Skardu. Zur Zeit der Schneeschmelze ist der Indus eine schlammige Flut. Wenn der Wasserspiegel sinkt, bleiben Seen im Felsen zurück. Und weil sie den Zusammenhang mit dem Fluß verlieren, setzt sich der Schlamm. Und sie leuchten in einem Blau, in einem unwahrscheinlichen, einem jenseitigen Blau. Als ich diese schlammigen Massen sah und dann dieses stille Blau, diese himmlische Reinheit, da dachte ich mir: So müßtest du leben können. Dich ganz aus den Geschäften der Welt zurückziehen. Auf der Rückfahrt ging mir aber auf: Wenn man das tut, dann ist man in drei Monaten ausgetrocknet. Zum Leben gehört, daß man sich die Hände schmutzig macht. Das andere ist eine spleenige Alternative, die uns nicht zusteht. Ich bin dem Indus ewig dankbar, daß er mir diese Einsicht zugespielt hat.

Die Ordnung der Welt ist jetzt gestört. Ein Gott, der sich entschlossen hat, Mensch zu werden, hat sich damit abgefunden, in einer gestörten Ordnung Mensch zu werden. Wenn er nicht gradlinig leben kann, wie sollen wir uns das anmaßen können? Ich sehe das auch an der Figur des Judas. Judas ist für mich die große Faszination. Wie hat Jesus sich um diese zwölf bemüht, und unter ihnen war ein Versager. Er hat ihn um sich gehabt, hat seine Ideale mit ihm geteilt, hat die Hoffnung nicht aufgegeben, hat ihm die Füße gewaschen. Und Judas hat ihn verraten. Und noch am Kreuz war das der vielgeliebte Judas. Für mich ist es wieder dieses Geheimnis der Freiheit. Die Freiheit, die auf Liebe beruht, hat in sich die Konsequenz, daß der Geliebte auch nein sagen kann.

Aber man muß die Liebe immer wieder neu leben. Auch wenn man weiß, daß sie ins Leere geht, daß sie scheitert, daß sie in der reinen Form unter Menschen nur schwer lebbar ist. Man muß die reine Form immer anstreben, sie im Blick haben und behalten. Man soll sich nur nicht wundern, daß man sie immer wieder nicht realisieren kann. Es ist immer wieder der gleiche Konflikt. Es gibt immer wieder die gleichen Probleme.

Ein Dritte-Welt-Land aus der Nähe

„Deutsche Bäume haben keine Blätter"

1968 war ich in Deutschland. Ich traf mich mit Samuel und Rafiq, zwei pakistanischen Leprahelfern, die hier eine Krankenpflegerausbildung absolvierten. Dabei gewann ich eine neue Erkenntnis, die schon sprichwörtlich geworden ist. Rafiq hatte über seine ersten Eindrücke in Deutschland erzählt, bei ihrer Ankunft im November drei Jahre vorher: „Die Bäume standen so nackt, wie Stöcke in der Erde. Und ich habe immer gewartet, daß die Blätter herauskommen (Karachi kennt keine Jahreszeiten) und sie kamen nicht, und da habe ich zu Samuel gesagt: Samuel, die deutschen Bäume *haben* keine Blätter! Und dann kamen sie doch – nach fünf Monaten!

Jedesmal jetzt, wenn jemand ein rasches Urteil über ein Entwicklungsland fällt, das von Unkenntnis zeugt, wechseln wir Blicke, Samuel, Rafiq und ich, und dann sagt einer: „... ja, ja, die deutschen Bäume *haben* keine Blätter." Denn wer hat schon Geduld, sein Urteil fünf Monate zurückzustellen und abzuwarten?!

Was ist die Anatomie eines Entwicklungslandes? Hier einige Fakten zu Pakistan: auf einem Gebiet von 800 000 qkm leben 92 Millionen Einwohner, 80% der Bevölkerung auf dem Land, wo sich 60% aller Arbeitsstellen befinden. Die Analphabetenrate steht bei 76%. 97% der Bevölkerung sind Muslime vorwiegend der sunnitischen Richtung (der im Iran herrschenden schiitischen Richtung gegenüber zeichnet sie sich durch weniger Fanatismus aus). Wirtschaftlich ist dieses Agrarland durch die hohen Ölpreise belastet. 45% des gesamten Exporteinkommens wird für Ölrechnungen ausgegeben. Bevölkerungswachstum, Landflucht, politische Instabilität, außenpolitische Verwicklungen mit den daraus resultierenden Flüchtlingsströmen – Pakistan hat bereits über 4 Millionen Flüchtlinge aufgenommen – spielen eine besondere Rolle.

Wenn ich in Deutschland bin, begegne ich immer wieder der Meinung, Pakistan sei eine militant islamische undemokratische Militärdiktatur, die vor allem durch ihre Menschenrechtsverletzungen immer wieder in die Schlagzeilen kommt. Ich hatte in 25 Jahren die Möglichkeit, dieses Dritte-Welt-Land aus der Nähe zu studieren. Es sind Probleme, zu denen ich erst allmählich einen Zugang gefunden habe. Unter großen Schwierigkeiten. Es hat lange gedauert, bis ich manche Vorurteile aufgegeben habe. Wenn man die Probleme aus der Nähe sieht, sind sie so kompliziert.

Gefangene Volkshelden

Eines Tages erhielt ich eine Limburger Zeitung, in der von der Gruppe Amnesty International der „Gefangene des Monats" vorgestellt wurde, ein Südamerikaner. Die Leser waren aufgefordert, sich durch Briefe für ihn einzusetzen. Ich habe es getan. Danach setzte ich mich mit der deutschen Gruppe von Amnesty International in Verbindung, erkundigte mich nach Pakistangruppen. Der damalige Justizminister hatte mir versprochen, er würde Abhilfe schaffen, wenn ich ihn auf Mißstände hinweisen würde. Statt an anonymen Briefaktionen zu Südamerika teilzunehmen, wollte ich mich lieber um Dinge kümmern, die unter meinen Augen geschehen. Ich traf mich mit Mitarbeitern von Amnesty International in Deutschland und bat sie: „Wenn ihr einen habt, gebt mir die Unterlagen dieses Mannes. Ich will mich vor Ort um ihn kümmern". Sie sagten mir: „Mitglieder der politischen Opposition sind in pakistanischen Gefängnissen." Ich entgegnete: „Das haben die Engländer eingeführt. Seit Dschinna und Gandhi gehört das unter diesen politischen Verhältnissen und in diesen Breitengraden zum Status eines Volkshelden, daß er einige Monate im Gefängnis war. Bei prominenten Gefangenen ist dies heute eine Kavaliershaft, die in regierungseigenen Häusern absolviert wird". Die Mitarbeiter von Amnesty International waren zunächst sehr verblüfft, als ich mich nicht gegen diese Art der Einkerkerung einsetzen wollte.

Selbstjustiz und Femegerichte

Dann wurde mir vorgehalten: „Es gibt aber noch die Todesstrafe in Pakistan."

Ich erzählte einen Fall, von dem ich erst kurz vorher erfahren hatte. Ein Vater hatte seine eigene Tochter mit der Axt erschlagen, weil sie ein Verhältnis mit einem Jungen aus dem Dorf hatte. Die Eltern des Jungen und die Eltern des Mädchens hatten sich zusammengesetzt und beschlossen, daß beide, der Junge und das Mädchen, umgebracht werden sollen. Der eine Vater hat seinen Sohn erschossen, und der Vater des Mädchens hat seine eigene Tochter mit der Axt umgebracht. Man kann sich dies gar nicht vorstellen: Wie der Vater mit der Axt ankommt, wie das Mädchen schreit. Man *muß* sich diese Szene aber vorstellen ... In einer anderen Stadt hat die Bevölkerung vor kurzem eine Mutter und ihre Tochter zu Tode gesteinigt. In einem Land, in dem Selbstjustiz so funktioniert, kann man die Todesstrafe nicht von unseren Rechtsvorstellungen aus beurteilen. Das gab ich zu bedenken und erzählte auch von einem anderen Erlebnis, in Deutschland. Als ich in Münster war, gab der Oberbürgermeister einen Empfang und führte durch das Rathaus. In diesem Bürgerhaus hatten im Mittelalter die Femegerichte getagt. Das Abhacken einer Hand war ein durchaus geläufiges Urteil. Im 15. Jahrhundert in Deutschland. Was werfen wir den Pakistanis vor? Daß sie in ihrer geschichtlichen Entwicklung 500 Jahre hinter uns her sind?

Die jungen Menschen von Amnesty International schauten mich an und sagten: „Dann lohnt es sich also gar nicht, daß wir uns einsetzen?"

Meine Antwort: „Im Gegenteil. Auch wenn die im Moment nicht anders können – das Ideal eines menschlichen Zustandes muß bewußtgemacht werden. Auch bei uns war diese Norm nicht auf einmal verwirklicht. Wenn nicht protestiert wird, wenn nicht auf dieses Ideal hingewiesen wird, dann geht etwas verloren. Ihr sollt protestieren und die Briefe an den Präsidenten von Pakistan schreiben, auch wenn ich diesen Protest nicht persönlich an den Mann bringen kann, weil ich ihn aus seiner geschichtlichen Situation verstehe."

Wissen kann also unter Umständen eine Last sein, die einen an einer sinnvollen Aktion hindert.

Protest

Wenn ich freilich von einem Fall wüßte, in dem gefoltert wurde, würde ich sogar meine Ausweisung in Kauf nehmen, um zu protestieren. Ich würde das Lepraprogramm, das mir mein ganzes Leben bedeutet, aufs Spiel setzen. Es hat diesen Fall gegeben. Im Zusammenhang mit den Unruhen im Sind hatte ich aus sicherer Quelle von öffentlichen Auspeitschungen gehört, die von aufflackernden Rachegelüsten motiviert waren. Dazu konnte ich nicht schweigen. Zumal ich als ehrenamtlicher Berater für Leprafragen von der Regierung eingesetzt, ihr also auch in gewisser Weise verbunden war. Ich formulierte den Brief, mit dem ich meinen Rücktritt begründete. Den Ton des Protests hielt ich so, daß man ihn mir abnehmen konnte. Ich versuchte glaubhaft zu machen, daß es die Erfahrungen der Nazi-Zeit seien, die mich verpflichteten, Widerspruch einzulegen. Diesen Brief besprach ich mit dem Kardinal von Karachi, der Vorsitzender unseres Krankenhausausschusses ist. Denn natürlich hat ein solcher Schritt auch weitreichende Konsequenzen für unser Projekt. Der Kardinal war nun überhaupt nicht einverstanden. Er konnte nicht einsehen, wieso ich das tun wollte, er wies mich auf die Konsequenzen hin: „Was wird aus dem Lepraprogramm, wenn Sie ausgewiesen werden?" Er sagte mir: „So etwas ist in der Stammesstruktur, in der wir leben, nichts Außergewöhnliches. Das können Sie nicht unter Folter einordnen, man wollte von dem Mann ja kein Geständnis erpressen. Er hat die Strafe bewußt riskiert, weil er gegen das Kriegsrecht verstoßen hat. Wenn Sie es allerdings mit Ihrem Gewissen nicht vereinbaren können zu schweigen, dann habe ich nichts dagegen, daß Sie einen Protestbrief schreiben."

Ich habe damals meinen Protest schriftlich eingereicht, wie ich es vorher bei anderen Gelegenheiten auch schon getan hatte. Dann reiste ich in die Nordprovinz, wo das Krankenhaus noch nicht gebaut war, weil sich jemand die Gelder in die eigene Tasche gesteckt hatte. Dieses Krankenhaus ist aber unabdingbar notwendig, damit die Leprabekämpfung in diesem Berggebiet erfolgreich sein kann. Dann war auch der Tarifvertrag für meine Leprahelfer nicht durchgegangen, für den ich so gekämpft hatte. Ich habe mich dann gefragt: „Habe ich das Recht, dieses Krankenhaus aufzugeben? Mich nicht mehr um die Verträge zu kümmern? Nur weil meinen westlichen Vorstellungen etwas zuwiderläuft?" Die Frage quält mich noch heute. Noch jetzt bin ich unentschieden. Es ist so kompliziert, das Leben ist wirklich nicht einfach.

Der Regierungschef hat die Ausschreitungen dann abgestellt. Der damalige Justizminister überzeugte ihn, daß es schlecht für dieses Land sei, wenn es eine international schlechte Presse habe. Mir kann es gleich sein, aus welchen Gründen so etwas abgestellt wird. Wenn es nur abgestellt ist.

Beschimpfungen heilen nicht

Ganz allmählich und in sehr langwierigen Prozessen habe ich Einsichten und Erfahrungen gewonnen, die es mir ermöglichen, wenigstens einen gewissen Zugang zu finden. Erfahrungen, die es mich zumindest ertragen lassen, daß ich unter diesen Umständen im Land bleiben kann.

Lange bevor die islamische Staatsordnung ausgerufen wurde, hat mich der Ausspruch eines Leprahelfers schockiert:

„Wenn mich jemand niederschlägt und ich breche mir den Arm dabei, dann heilt dieser Arm wieder. Aber wenn mich jemand beschimpft, dann heilt das nie." Oder Jehangir, der mir sagte: „Es würde mir überhaupt nichts ausmachen, ausgepeitscht zu werden. Aber öffentlich ausgepeitscht zu werden, das würde ich nicht überleben." Dies sind nur Beispiele dafür, wie anders die Wertprioritäten hier sind.

Die Menschenfalle

Ein anderes Problem sind die Stammeskämpfe. Kleinere Kriegereien sind in diesem Land immer möglich. Nur während des Krieges mit Indien hatten wir wirklich Frieden im Inneren. Jeder fühlte sich damals als Pakistani, was sonst nie vorher und nie danach geschehen ist. Pakistan besteht auf der Landkarte, aber nicht in den Herzen der Menschen. Sie sind in Stammeszusammenhängen gefangen. Es soll sich um Himmels willen nur keiner in das Gebiet eines verfeindeten Stammes verirren. Bei meinem zweiten Aufenthalt in einem der unterentwickelten Stammesgebiete ist folgendes passiert: Wir fuhren über eine Überlandpiste, die kilometerweit geradeaus verläuft, ins Nichts, wie es scheint. Mitten drin aber dann einer dieser plötzlichen schroffen Bodeneinbrüche. Vom Fahrzeug aus sieht man nur, daß die Piste geradeaus geht, das Wadi sieht man nicht. Und dann muß man ganz plötzlich einbiegen, nimmt eine steile Abfahrt und klettert dann mit dem Wagen wieder hoch. Ich sagte beiläufig: „Ich muß mich unbedingt an den Regierungsverantwortlichen wenden, damit er hier ein Warnschild anbringt." Und zum Fahrer: „Wieso steht hier eigentlich keines?" – „Ach", sagte der, „das wollen wir nicht. Und wenn einer hier etwas aufstellt, dann beseitigen wir es." – „Ist denn hier noch nie ein Unfall passiert?" – „Doch, das kommt hier häufig vor, daß ein Jeep abstürzt. Aber nicht, wenn einer von uns den Jeep fährt. Das ist unsere Falle für die vom anderen Stamm. Vor vier Wochen ist der letzte hier abgestürzt." Ich darauf: „Hoffentlich ist keinem etwas passiert!" –

„Keinem etwas passiert?! Die waren alle vier tot! Wir wissen alle, daß wir hier einbiegen müssen. Aber die anderen wissen es nicht."

Und dieses Gespräch ist typisch. Die von dem einen Stamm würden lieber ihre Lehrerstellen unbesetzt lassen und die Kinder nicht zur Schule schicken und das Krankenhaus zumachen, als daß sie die Stelle einem vom Nachbarstamm geben. Man kann sich vorstellen, welche Probleme eine zentrale Regierung in einem solchen Land hat.

Fehlende Institutionen

Ein anderes Beispiel: Der Präsident hatte zeitweise das Amt des Gesundheitsministers übernommen. Damals habe ich ihm ein Programm für die Leprabekämpfungsarbeit vorgeschlagen, dem er durch Unterschrift seine Zustimmung gab. Ich bat ihn: „Schreiben Sie an den Rand, Sie wollten alle drei Monate Berichterstattung. Dann habe ich die Möglichkeit, zu sagen: ‚Ich muß über den Fortschritt der Arbeit berichten.'" Das war am 9. September 1980. Es ging um fünf Forderungen. Bis heute konnte ich zwei davon durchsetzen. Nicht, weil irgend jemand dagegen gewesen wäre. Das Problem ist, daß das Land keine Institutionen hat. Daß Strukturen fehlen, um sinnvolle Maßnahmen durchzuführen. Wir wollten ein formales Abkommen zwischen unserem Leprazentrum und den Provinzregierungen abschließen, das fünf Jahre gelten sollte. Das hätte es uns erleichtert, von außen finanzielle Unterstützung zu erhalten. Das hätte dann die Regierung zu regelmäßigen jährlichen Etatposten verpflichtet. Die Bereitschaft dazu war vorhanden. Ich selber war an einer vertraglichen Absicherung interessiert, da man nie weiß, wann die Regierung wechselt. Wieso die Sache scheiterte? Es war nicht festzustellen, wer für die Unterschrift und eine solche Vereinbarung zuständig ist.

Grenzen der Außenpolitik

Oder nehmen wir die Außenpolitik: Pakistan hat als Nachbarn: den Iran, Afghanistan, Rußland, China und Indien. Welchen Manövrier- oder Freiheitsraum sollte dieses Land wahrnehmen? Es kann nur hoffen zu überleben. Die neue afghanische Regierung hat Pakistan offiziell um politische Anerkennung gebeten. Selbstverständlich ist es unmöglich, dazu nein zu sagen. Es sind ja schon 4,2 Millionen Flüchtlinge in Pakistan. Der Präsident wand sich heraus, indem er sagte: Er würde es ja gerne tun, sie wären schließlich ja auch seine Muslimbrüder, aber er hätte nun einmal versprochen, ohne die islamische Gipfelkonferenz keine außenpolitischen Entscheidungen zu treffen. – Und diese Konferenz ist seitdem nicht mehr zusammengetreten.

In diesen Grenzen spielt sich hier Außenpolitik ab. Nachdem ich dies eingesehen habe, bin ich mit meinen Urteilen etwas vorsichtiger geworden.

Gulaschkanonen

Außenpolitische Aspekte bestimmen auch die Innenpolitik. Es gibt immer wieder Pogrome zwischen Schiiten, die sich zum Iran hinorientieren, und den Sunniten. Selbst wenn diese Konflikte nicht von irgendwoher geschürt werden: Schon die Tatsache, daß sich der Iran unter Khomeini so lautstark gebärdet, ist die Grundlage für ein neues Lebensgefühl der schiitischen Minderheiten in Pakistan. In Islamabad haben sie vor einiger Zeit sogar das Regierungsgebäude besetzt. Was sollte der Regierungschef tun? Er bewies Humor. Man hat keinen hinein- und keinen herausgelassen. Dann ließ er vom Heer Gulaschkanonen anfahren, um die Besetzer zu verpflegen. Auf diese Art und Weise wurde zumindest die Aggression des niedrigen Blutzuckers in Grenzen gehalten.

Mein Ideal leben

Der Regierungschef ist ein General. Aber die Militärregierung Pakistans kann keineswegs mit einer Militärjunta südamerikanischer Prägung verglichen werden. Das Heer ist wesentlich von britischen Idealen geprägt. Und keine Frage: Es ist die westlichste Institution, die Pakistan hat. Das Land selber ist sicher noch mittelalterlich. Auch die Methoden der Polizei sind es sicherlich. Aber um das zu ändern, genügt es nicht, Einzelpersonen zu „Bluthunden" zu dämonisieren. Da muß sich das Land ändern, da müssen tief in allgemeinen Verhaltensstrukturen verwurzelte Mentalitäten geändert werden. In einem Land, in dem Väter ihre Kinder noch mit der Axt erschlagen und wo dies von der Bevölkerung akzeptiert wird, kann man nicht von vornherein die eigenen Ideale zum Maßstab machen.

Natürlich lebe ich, als westlich geprägte Ordensfrau, in dieser Umgebung in einer konfliktreichen Situation. Aber kann ich und darf ich erwarten, daß das muslimische Land sich nach meinen westlichen Ordensidealen richten wird? Soll ich deswegen nach Hause gehen? Ich sehe meine Aufgabe so, daß ich mein Ideal zu leben versuche und mich immer wieder den Fragen stelle: „Warum machen Sie das? Warum verhalten Sie sich anders?"

Und ich habe die Erfahrung gemacht, daß meine Arbeit akzeptiert wurde. Es war schließlich nicht selbstverständlich, daß der höchste zivile Orden eines muslimischen Staates einer katholischen Ordensfrau, einer Ausländerin verliehen wurde.

Das Scharia-Recht

Am Tag, nachdem der General geputscht hatte, rief er den Mann an, mit dem ich seit Jahren befreundet war: einen bekannten Juristen, einen tieffrommen Muslim, der auch als geistlicher Führer bekannt ist: „Ich habe immer wieder gesehen, daß Menschen, die an die Macht kommen, ‚den rechten Weg' verlieren. Sind Sie bereit, mein geistlicher Berater zu werden?" Dieser Bekannte ging nach Islamabad und wurde später auch Justizminister.

Ich habe ihn damals, während dieser Zeit, nicht besucht und den regelmäßigen Gedankenaustausch mit ihm bewußt nicht fortgesetzt. Später, als er das Amt abgegeben hat, warf er mir das vor: „In der schwierigsten Zeit, in der ich dich wirklich gebraucht hätte, da bist du nicht gekommen." Ich bin in der Tat fünfmal bis zu seinem Haus gegangen und dann wieder umgekehrt. Die islamische Justiz war für mich so problematisch, daß ich es nicht über mich bringen konnte, ihm zu begegnen. Aber war das richtig?

Durch diesen Freund hatte ich die Gelegenheit, den General persönlich kennenzulernen. Unser erstes Gesprächsthema war: der Wert der Fürbitte. Bei der Einführung des islamischen Strafsystems habe ich den General gefragt, ob er nicht fürchten würde, daß diese Form der Justiz die Atmosphäre des ganzen Landes, bis in die Familien hinein, vergiften könnte. Der Grundtenor seiner Antwort: „Wer bin ich, daß ich etwas, was im islamischen System offenbar ist, in Frage stellen könnte?" Das ist eine Ebene, auf der ich ihn verstehen kann.

Wenn mich jemand fragt, wieso ich an die Jungfrauengeburt glaube, dann kann ich auch nur sagen: Auch wenn es in meinem Glaubensleben nicht die absolut zentrale Rolle spielen sollte: Wer bin ich, Ruth Pfau, daß ich ein Dogma in Frage stellen würde, das vielleicht einmal gebraucht wird. Islam und Christentum sind zwei monotheistische Offenbarungsreligionen, die einen absoluten Wahrheitsanspruch erheben. Wer sind wir, Christen oder Muslime, daß wir von diesem Absolutheitsanspruch etwas wegnehmen wollten. Und trotzdem müssen wir lernen, uns zu tolerieren. Ohne unseren Absolutheitsanspruch aufzugeben, der ja nicht unserer, sondern ein uns anvertrauter ist.

Mohammed hat nicht nur eine Religion, sondern auch ein Staatswesen gestiftet. Es gibt im Islam eine große Tradition von Rechtsauslegung. Auch unser Recht beruht ja auf einmal gesetzten Auslegungen. Etwas Paralleles geschieht im islamischen Recht. Rechtsstreitigkeiten, die vom heiligen Propheten und seinen Nachfolgern interpretiert worden sind, gehen in das Scharia-Recht ein. Es ist Teil dieses Scharia-Rechts, daß auf Ehebruch Steinigung steht. Es ist aber in Pakistan noch niemand wegen Ehebruchs gesteinigt worden. Es wurde in Pakistan nach islamischem Recht auch noch keine Hand abgehackt, obwohl das als Strafe häufig verhängt worden ist. Es muß vom Präsidenten persönlich unterschrieben werden, wurde aber noch nie ratifiziert. Aber er hat wirklich keine Möglichkeit, zu sagen: Das Gesetz als solches ist falsch.

Der Präsident

Ich erinnere mich an eine andere Begegnung mit dem Präsidenten: Aus irgendeinem Grunde fand sie in seiner Privatwohnung statt, in der wir spät abends Organisationsfragen des Leprabekämpfungsprogramms besprachen. Der Präsident hat ein behindertes Kind. Das ist der Grund, wieso man jederzeit zu ihm kommen kann mit Problemen, die Behinderte und Randgruppen betreffen. Keine Regierung vorher hat jemals in Pakistan in Randgruppen investiert. Bei der Besprechung waren der Gesundheitsminister und die Gesundheitsberater anwesend, eine offizielle Angelegenheit also. Da kam dieses Kind herein. Mich hat beeindruckt, wie natürlich er reagiert hat. Keine Verschleierung, aber auch keine Pose. Es wird ihm oft vorgeworfen, er investiere in diesem Bereich nur aufgrund persönlicher Betroffenheit. Aber der Vater eines behinderten Kindes, der dies so konstruktiv verarbeitet, der hat eine menschliche Leistung vollbracht.

Bei einem der letzten Besuche war auch der eben genannte geistliche Berater anwesend. Nachdem das Gespräch über Lepra beendet war, ging es um die politische Situation. Der Präsident hatte kurz vorher durch eine etwas aggressive Bemerkung Aufsehen erregt. Nachdem Inder eine pakistanische Botschaft angezündet hatten, hatte er gekontert: Das Militär sei immer noch in der Lage, die Ehre des Vaterlandes zu verteidigen. Der Berater sagte ihm: „Wenn Sie übersehen, wie groß Indien ist, und mit dem Säbel rasseln, dann machen Sie sich in den Augen der Welt nur lächerlich. Wenn Sie aber bei Ihrer bevorstehenden UNO-Rede an das Weltgewissen appellieren und fragen, ob es fair ist, wenn eine Großmacht wie Indien die Botschaft eines Landes angreift, das nicht in der Lage ist, zurückzuschlagen – dann werden alle auf Ihrer Seite sein."

Der oberste Kriegsherr stand, die Hände in den Hosentaschen, und sagte: „Ach!"

Daß ein General sich von seinem geistlichen Berater dies so sagen läßt!

Auch Politiker sind ja Menschen. Sie sind nicht anders aufgewachsen als wir. Sie haben bestimmte Schulen besucht, eine bestimmte Richtung studiert. Sie haben ihre Familien, sind geprägt von einer politischen Erfahrung. Wie wir auch.

Man muß unten anfangen

Was ich in diesem Entwicklungsland erfahren habe, ist, daß ich selber toleranter sein muß. Und daß Friedensarbeit bei mir selber anfängt. Frieden kann man nicht „machen". Und es ist nicht allein damit getan, lautstark für ihn zu demonstrieren. Die permanente Chance der Friedensarbeit besteht in der Möglichkeit, unfriedliche Verhältnisse zu unterlaufen. Mit dem Frieden ist es wie mit der allgemeinen Not in der Welt. Man muß im Kleinen, von unten anfangen, Angst abbauen, Aggressionen mildern, Gerechtigkeit schaffen, Konfliktstoffe entschärfen. In seiner Umgebung, aber auch in sich selber. Wenn sich darüber hinaus konkrete politische Einflußmöglichkeiten ergeben, dann sind diese Chancen natürlich zu nützen. Aber auch da geschieht wirklich bereits Friede, wo Menschen sich gegenseitig „verstanden" haben.

Unter Muslimen

Ein ungewöhnlicher Tag

Ein beeindruckendes Erlebnis bot der Tag, an dem sich die christliche Kirche in Pakistan der muslimischen Öffentlichkeit präsentierte. Im Herbst 1981, beim Papstbesuch in Karachi. Christen, die in ihrem Leben vielleicht nur drei bis vier Familien kennenlernen können, die dem gleichen Glauben angehören, sahen sich plötzlich in einer unübersehbaren Menge Gleichgläubiger. Die Muslime, die mehr oder weniger der Überzeugung gewesen waren, das Christentum sei die Religion der Kolonialmächte und mit dem Abzug der Kolonialmächte sei auch seine Zeit abgelaufen, sahen im Fernsehen ihre Vorurteile korrigiert: eine lebendige Kirche, die Messe in der Landessprache Urdu, die Lieder ebenso, die Christen in Nationaltracht. Tausende von Muslimen saßen unter den betenden, singenden, wartenden Christen. Hier kam die Frage nicht auf, ob es sich lohne, daß der Papst so große Reisen unternimmt – alle die Ausgaben und Risiken. Allen, die hier versammelt waren, wäre die Frage unverständlich gewesen. Es war ein Fest. Und wie soll man sich den Trost auf die ewige Seligkeit bewahren, wenn man nicht hin und wieder hier auf Erden die Freude in einem Fest ausdrückt?

Ein ungewöhnlicher Tag war es sicher auch für das Verhältnis von Muslimen und Christen. Der Alltag sieht sicher anders aus. Daß dies so ist, hängt sicher auch wieder damit zusammen, daß es um Absolutheitsansprüche geht, wo Islam und Christentum zusammentreffen.

Jede Religion kann mißbraucht werden

In Pakistan sind die Christen mit 1,2 Millionen eine kleine Minderheit. Die Islamisierung scheint eine Bedrohung für die Christen. Islamisierung bedeutet die volle Anwendung der Lehre des Korans und der islamischen Tradition in allen Lebensbereichen des Staates. Trotzdem ist der Blick wohl durch traditionelle Missionsklischees getrübt, wenn man von Christenverfolgung im islamischen Pakistan redet. Sicher gibt es Christenverfolgungen im Schatten der gegenwärtigen weltweiten Re-Islamisierung. Sie haben nichts mit dem Wesen des Islams als Religion zu tun. Genausowenig wie es sich bei den Konflikten in Irland im Kern um religiöse Konflikte oder um einen Religionskrieg handelt, sondern vor allem um soziale Kämpfe. Sie sind nur zufällig auf Strukturen aufgebaut, die einen konfessionellen Aspekt haben.

Auch der Islam in Pakistan ist durch das hinduistische Kastensystem sozial geprägt. Christen, die aus der sozial niedrigsten Schicht stammen, werden zweifellos Zugänge zu gesellschaftlichen Aufstiegsmöglichkeiten verbaut. Christen in Pakistan sind Menschen zweiter Klasse, weil sie zur Straßenkehrer-Kaste gehören. Und hier sind sie mit Muslimen und Hindus der gleichen Kaste gleichgestellt. Verfolgung oder Benachteiligung allein aus religiösen Gründen sind selten. Die Christen sind eine „beschützte Minderheit". Sie haben einen „infantilen" Status. Er bietet Schutz aufgrund einer vorausgesetzten Unmündigkeit. Minderheiten können nur ihre eigenen Repräsentanten wählen. Für sie sind einige wenige Sitze im Parlament reserviert. Auch an den Universitäten gibt es die sogenannten „minority seats". Die wache christliche Intelligenz von Karachi ist auf die Barrikaden gegangen, um diesen Status des Schutzzustandes abzulösen. Sie will keine reservierten Plätze, sie will Chancengleichheit. Auch auf die Gefahr hin, bestimmte Privilegien zu verlieren.

Christen gibt es erst seit 100 Jahren in Pakistan. Sie wurden Christen, um der Unterdrückung durch die höheren Kasten zu entgehen. Auch deswegen fällt Christen der Dialog mit ihren muslimischen Mitbrüdern schwer. Dialog setzt Standesgleichheit voraus. Die Situation ist aber meist durch soziale Mauern geprägt. Der Islam ist in die politischen, staatlichen und sozialen Strukturen der Gesellschaft verflochten. Islamische Selbstverwirklichung geschieht im Rahmen einer innerweltlichen Ordnung. Man darf aber auch etwas anderes nicht vergessen: Der Islam ist wesentlich jünger als das Christentum. Er hat auch unser Toleranzstadium noch nicht erreicht. Was jedoch in die Zukunft weist, das sind die gemeinsamen Grundlagen der monotheistischen Religionen. Die Scheidegrenze ist heute der atheistische Materialismus. Sicher gab es Aggressionen zwischen den Religionen, aber es ist wichtig, ihren pseudoreligiösen Charakter zu erkennen. Wir beziehen uns alle auf den gleichen Gott. Der Absolutheitsanspruch kommt ja nicht von uns. Er ist uns allen gemeinsam aufgegeben. Wir dürfen den Islam nicht als Religion verunglimpfen, indem wir ihm vorwerfen, daß er, als Religion, zur Verfolgung Andersgläubiger neigt. Jede Religion kann mißbraucht werden. Auch im christlichen Abendland war Leibeigenschaft einmal kirchlich sanktioniertes Recht.

Dialog heißt: sich aussetzen

Wir müssen lernen, einen wirklichen Zugang zueinander zu finden. Dazu reicht Studium allein nicht. Dazu bedarf es einer Umkehr des Herzens, einer Liebe, die den anderen annimmt, sich ihm „aussetzt". Einer Liebe, die auch mit Entäußerung zu tun hat. Welch schmerzhafter Prozeß, welches Sterben schon, wenn jemand nur seine kulturelle Vergangenheit ablegen will. Am Anfang glaubte ich, meine Entscheidung für Pakistan sei der totale Bruch, der endgültige Sprung, die vollständige Identifikation. Daß ich Europäer bin, diese Tatsache reicht aber sehr viel tiefer, als ich das je geahnt habe.

Sich wirklich aufbrechen zu lassen, den anderen in seiner Andersartigkeit einzulassen und willkommen zu heißen – das ist sehr viel schwieriger, steckt auch voll Gefährdungen. Immer wird es ein Rest sein, der sich – verweigert. Oder bewahrt? Der sich auch bewahren muß! Wie es in einer Liebe zwischen Mann und Frau nicht um Gleichschaltung, sondern um Zuwendung in Spannung geht – so auch in einer echten Begegnung von Kulturen, von Religionen. Daß wir einander bereichern, ist nur möglich, weil wir verschieden sind. Freilich: Weil wir verschieden sind, leiden wir auch aneinander.

Aber es gibt nicht nur das Leiden. Es gibt auch die Faszination, die gegenseitige Bereicherung. Auch das Interesse meiner muslimischen Gesprächspartner. Es kam durchaus vor, in den Anfangsjahren, daß ich auf ein Regierungsbüro kam, mein Anliegen vortrug, Einfuhrgenehmigung oder Aufenthaltserlaubnis. Der Beamte schaute mich kurz an und fragte: „Sind Sie Dr. Pfau?" Wenn ich bejahte: „Ist es wahr, daß Sie ein Keuschheitsgelübde abgelegt haben?" Fasziniert von der Tatsache, daß einem „die Offenbarung" so lebensbestimmend, so fraglos wirklich ist, daß man dafür „das Schönste im Leben" leichtherzig hingeben konnte.

Gemeinsamkeit finden wir nur, wenn wir uns lieben

Der ehemalige pakistanische Justizminister, mit dem ich befreundet bin, gehört der Sufi-Gemeinschaft an. Er sagte mir einmal: „Wovon ich als Junge geträumt und was ich nie durchgeführt habe, das hast du konkretisiert." Er stammt aus einem Dorf im Sind. Seine Eltern sind Analphabeten, er ist ein Senkrechtstarter, studierte in Harvard. Eine im Islam inzwischen sehr angesehene Persönlichkeit.

Er kann östliche Denkweise in westlichen Begriffen ausdrücken. Dadurch hat er mir einen tiefen Zugang zu Dingen gewiesen, die ich sonst nie verstanden hätte. Beide waren wir aber erstaunt, welche Ähnlichkeiten es in der spirituellen Erfahrung des Islams und des Christentums gibt. Wir suchen das gleiche. Wir beide lieben uns so tief, daß wir auch etwas Gemeinsames finden möchten. Und nur auf diese Weise kann man sich verstehen. Nur durch einen Vorentscheid. Durch das Ja zum anderen. Erst dann kann die vorhandene Gemeinsamkeit, und sei sie nur punktuell, zum Tragen kommen.

Unser großes Problem im theologischen Gespräch war die Trinität. Einem Muslim die Trinität (die ja nicht erklärbar ist) zu deuten, ist nahezu unmöglich. An einem Dienstagnachmittag – wir treffen uns jeden Dienstagnachmittag, wenn wir beide in Karachi sind – empfing mich mein Freund mit der Bemerkung: „Ich habe etwas Wunderbares entdeckt!" Und er zitierte die Paulusstelle: „Und für ihn war seine Gottgleichheit nicht ein Raub, den er festhalten müsse." Und sagte dann: „So müßte man leben können."

Monatelang hatten wir um die Begriffe gerungen. Wenn ich das für mich zentrale Wort „Liebe" sagte, empfand er das als Blasphemie. Im Verhältnis zwischen Mensch und Gott dürfe man dieses Wort nicht benutzen. Die Muslime gebrauchen das Wort „Erkenntnis". Ich dagegen: „Wie kannst du in einem derartigen Verhältnis von ‚Erkenntnis' sprechen?" Bis wir eines Tages entdeckten, daß im Alten Testament der eheliche Akt mit dem Wort „erkennen" beschrieben wird. – Ein anderes Mal sagte ich ihm: „Wenn wir uns darin einig sind, daß Gott nicht nur Liebe *hat,* sondern Liebe *ist,* und wenn Liebe notwendig nicht selbstbezogen, sondern dialogisch ist, dann muß es in Gott selber Dialog geben. Das ist es, was wir stammelnd als Trinitätslehre auszudrücken versuchen." Er darauf, betroffen: „Sag das noch einmal!"

Diesem Dialog verdanke ich eine Aufwertung der Transzendenz, die in meiner Glaubensgeschichte hinter der menschgewordenen Gestalt Christi zu kurz gekommen ist. Ich erinnere mich an einen gemeinsamen Aufenthalt in Lahore, in der Königsmoschee. Es gibt wunderbare Arabesken, vor allem im inneren Gebetsraum: viereckige Ornamente. In deren Mitte nichts, die Aussparung jeglichen Inhalts. Dieser Hinweis auf das Nichts hat mir viel gegeben, seit er mir erlebnismäßig bewußt wurde.

Auch die Ergebenheit in den Willen Gottes habe ich tiefer verstehen gelernt. Sie ist ja in ihrer Hochform kein fatalistisches Schleifenlassen, sondern ein absolut bedingungsloses Ja zum Willen des Höchsten.

Schwierigkeiten

Schwierigkeiten gibt es immer wieder da, wo es konkret wird. Unsere Leprahelfer befanden sich zur Zeit der Bangladesh-Krise in einem ausgesprochenen Identitätskonflikt. Es war ja ein Krieg, in dem Muslime sich bekämpften. Ich habe diesem Freund gesagt: „Du mußt ihnen helfen. Du mußt etwas für sie tun. Ich kann nicht so in ihrem eigenen System argumentieren, daß ich ihnen den Trost geben kann." Aber da konnte er sich nicht engagieren, nicht in einer sozialen Gruppe, bei der er eine andere Sprache hätte finden müssen. Obwohl er soziales Engagement bewundert, er selber kann es nicht leisten.

Diese Form des religiösen Gespräches geht seit mehreren Jahren. Ich habe diesem Freund gesagt: „Nachdem wir so lange diesen gemeinsamen Weg gegangen sind, sollten wir eine gemeinsame Gebetsgruppe initiieren." Den Dialog nicht apologetisch, sondern spirituell zu führen, ist sicher ein zukunftweisender Weg. Es gibt zentrale Ansatzpunkte in beiden Religionen.

Kürzlich habe ich meiner Mitschwester Jeannine einige Stellen vorgelesen und sie gefragt, aus welchem Evangelium sie stammen. Sie nannte die Stellen genau.

Ich hatte aus dem Koran zitiert. –

Natürlich gibt es auch Probleme im Gespräch. Etwa da, wo es um den historischen Denkansatz geht. Das ist auch der Punkt, über den ich mit meinem Freund nicht sprechen kann. Wenn ich ansetze: „Das ist doch eine geschichtliche Religion, die in einem Berberstamm zu einer bestimmten Zeit in der Wüste entstanden ist, die muß doch geschichtliche Hüllen haben ...", dann sieht er das nicht.

Es gab einmal Versuche, den historischen Denkansatz im Islam in einem muslimischen Forschungsinstitut zu fördern. Der Leiter dieses Instituts, der auch in unserem muslimisch-christlichen Arbeitskreis mitwirkte, hat Pakistan verlassen und lehrt jetzt irgendwo in den Vereinigten Staaten. Er sagte: „Ich werde im römischen Sekretariat für die Nichtchristen mehr verstanden als von meinen eigenen Glaubensbrüdern."

Eine Frage von Verrückten

Wo wir von Menschwerdung Gottes sprechen, steht beim Islam die Buchwerdung des Wortes Gottes. Diese Offenbarung des Korans ist so sehr und so total göttlichen Charakters, daß man daran nicht rütteln darf. Natürlich entstehen dann Probleme, wenn junge Menschen mit Kulturen zusammentreffen, die von anderen Voraussetzungen ausgehen.

Ich erinnere mich an eine Fahrt mit einem jungen Leprahelfer. Wir waren stundenlang mit dem Jeep unterwegs. Auf einmal fragte er: „Ist es wahr, daß man überschnappt, wenn man im Westen studiert?" Ich zurück: „Wieso denn das?" Er darauf: „Ich habe gehört, wenn man im Westen studiert, stellt man sich die Frage: ‚Gibt es Gott?'"

Das war für ihn eine Frage von Verrückten. Ich dachte: „Armer Junge, was steht dir vielleicht noch bevor?"

Eine andere Geschichte: Wir waren am höchsten Feiertag des Landes mit einer Gruppe Medizinstudenten aus Lahore zusammen. Lahore ist die säkularisierte Hochburg Pakistans. Diese jungen Leute fragte ich: „Wie kommt euch das vor, wenn ihr aus dem Radio, aus dem Fernsehen und in jeder der zahlreichen Reden mit Koransprüchen berieselt werdet?" Eine Antwort darauf: „Ich finde das gar nicht so schlecht. Irgend etwas bleibt doch hängen." Eine verblüffende Antwort. Und eine aufschlußreiche.

Sicher gibt es auch in Pakistan den gelebten praktischen Materialismus. Das ist jedoch keine dogmatische Absage an den Islam. Diese Jugend steht nicht unter dem Einfluß einer „Gott ist tot"-Theorie. Richtig ist freilich auch, was man in manchen arabischen, traditionell islamisch geprägten Ländern erfahren hat. Wenn man die religiösen Inhalte wegläßt, ist die Grundlage für eine totalitäre Indoktrination gegeben. Der Erfolg kommunistischer Propaganda in diesen Ländern hängt sicher auch mit dem totalitären Charakter des Islams zusammen.

Die Botschaft vorleben

Wie soll das Christentum sich gegenüber dem Islam verhalten?
Sicher nicht überheblich. Auch nicht im alten Missionierungsstil. Aber wir haben als Christen eine Aufgabe. Mein muslimischer Freund leidet im tiefsten unter der Frage: „Wie finde ich einen gnädigen Gott?" Ich möchte ihn wirklich manchmal schütteln und ihm sagen: „Warum quälst du dich so?" Vielleicht ist es anders, wenn man weiß: man muß die Welt nicht selbst erlösen.

Das ist die Botschaft, die wir „als Fülle der Offenbarung" vorleben können. Als Sauerteig, als „Salz der Erde".

Ich weigere mich auch, Lepraarbeit als Missionsarbeit zu verstehen. Menschen in Not haben einen sicheren Instinkt dafür, ob der Helfer eigene Bedürfnisse befriedigen will oder ob er einfach den anderen sieht. Ich habe in unserer Klinik zufällig ein Gespräch mitgehört. Da fragte einer der neu Hinzugekommenen, wie das denn so wäre mit den Missionaren. Ein anderer, der schon lange bei uns war, erwiderte: „Das sind doch keine Missionare. Die sind doch katholisch." Da hatte sich die Überzeugung festgesetzt, daß wir die Arbeit nicht tun, um unser eigenes Produkt zu verkaufen. Früher war das vielleicht so. Gelegentlich kommt es auch heute noch vor. Dagegen bin ich sehr empfindlich. Wer in Not ist, ist ausgeliefert. Er hat gar nicht die Freiheit, sich zu entscheiden.

Gott schreibt auch auf krummen Zeilen gerade. Es gibt ein altes Leprosarium, in dem die protestantischen Missionare Leprapatienten nur unter der Bedingung aufnahmen, daß sie ihre Kinder christlich erziehen ließen. Etwas, bei dem sich mir der Magen umdreht. Das Ergebnis aber ist weitgehend erfreulich. Wir haben Lepraassistenten aus diesem Krankenhaus, die rundherum überzeugte und glückliche Christen sind, mitsamt ihrer Familie. Nichts von Krampf oder Aggression. Heute sollte man so etwas aber nicht mehr tun. Ich würde heute sogar, mit Ausnahme bei hochkarätigen Intellektuellen, davor warnen, das Christentum theologisch offensiv ins Gespräch zu bringen. Der Trend der Zukunft liegt in der praktisch-spirituellen Annäherung beider Religionen. Nicht in der Konversion von der einen zur anderen.

Meine Perspektive ist die: daß im Islam angelegte christliche Grundvollzüge durch die Begegnung mit Christen freigesetzt werden können. Dann könnten wir uns wirklich begegnen. Auf unser gemeinsames Ziel hin.

Aus dem Teufelskreis heraus

Ich habe viele Geschichten erlebt, die zeigen, was damit gemeint ist. Ich erinnere mich etwa an eine Begegnung mit einem Rechtsanwalt aus einem Gebiet, in dem die Blutrache herrscht. Er war der erste, der uns für unsere Arbeit ein Zimmer in seiner Villa zur Verfügung stellte. Am Anfang, als mich in dieser Gegend noch niemand kannte, hat er mich mit seinem Wagen in der Gegend herumgefahren, um Patienten zu suchen. Ein wunderbarer Mann. Ihn fragte ich: „Wohin führt das eigentlich? Mein Großvater hat deinen Großvater ermordet, deshalb hat dein Vater meinen Vater ermordet. Deshalb muß ich dich ermorden, damit mein Sohn deinen Sohn morden wird." Da sagte er ganz nachdenklich: „Ehe wir nicht zu einer ganz anderen Wertordnung kommen, die das Vergeben als männliche Tugend entdeckt, kommen wir aus diesem Teufelskreis nicht heraus." Und ich meine: Nur darin kann unsere Missionsstrategie bestehen: aus dem Teufelskreis herausführen. Die tiefste Botschaft, die wir den Muslimen in Pakistan schulden, ist der kreative Wert der Vergebung. Aber ich glaube, daß dieser Wert im Islam ansatzweise schon da ist. Die Botschaft kann ankommen. Die Grenze ist nicht trennend.

Daß etwas wunderbar wird

Da ist die Geschichte mit Jehangir, einem Lepraassistenten, der aus einem Gebiet kommt, in dem die Blutrache zum Alltag gehört. Ich bin mit ihm viel unterwegs gewesen, und die Einsätze in den Bergen sind wegen der mangelnden Infrastruktur so, daß man nie sicher sein kann, ob man wieder zurückkommt. Das gibt natürlich ein starkes Zusammengehörigkeitsgefühl. Wir fuhren dann zurück in die Außenstation, wo ich meinen Bericht schreiben mußte, und blieben drei Tage da. Ich mache morgens meine Meditation, lese die Heilige Schrift in Urdu. Urdu schreibt man von links. Es hat auch keine Vokale. Man muß wissen, was man liest, ehe man es lesen kann. Wenn ich das Neue Testament in Urdu lese, schlage ich zwei Fliegen mit einer Klappe. Ich meditiere, und trainiere Urdu. Zufällig hatte ich das Buch auf meinem Tisch liegenlassen. Jehangir fand es aufgeschlagen und las sich in der Bergpredigt fest. Er warf in einem Impuls, ganz gegen muslimische Sitte, das Buch auf den Tisch und rief: „Für so etwas wollen Sie uns also verpflichten!" Ich sagte: „Um Himmels willen. Erstens habe ich mit Ihnen nie über die Bergpredigt gesprochen, und zweitens habe ich Sie nie auf etwas verpflichtet." Er kam darauf nie wieder zu sprechen. Jehangir ging dann in Urlaub und kam nach einem Monat wieder zum Team zurück. Wir fragten ihn, wie es denn gewesen sei im Urlaub.

Er darauf: „Wunderbar!"

Was denn so wunderbar gewesen sei?

„Als ich in das Dorf zurückkam, traf mich einer und sagte mir: ‚Höre, Mohammed Aslar hat mich heute getroffen und mir gesagt, Jehangir kommt heute zurück ins Dorf. Ich habe keine Söhne, du bist mein Rächer. Zwischen ihm und mir steht noch eine Rechnung aus. Die Rache fällt auf dich'." Denn er war der Neffe dieses Beleidigten. Jehangir erzählte weiter: „Ich habe mir den Kopf zerbrochen, welche Rechnung zwischen Mohammed Aslar und mir unbeglichen ist. Schließlich fiel mir ein: Als ich noch in der Schule war, habe ich ihn im Basar einmal niedergeschlagen. Und da war ich der Held. Er mußte abziehen. Der einzige Sohn dieses Mannes war bei einem Unfall in den Bergen umgekommen. Er selber war ein landloser Arbeiter. Da bin ich hin zu Mohammed Aslar und habe ihm gesagt: ‚Hier bin ich. Verprügle du mich genauso, wie ich dich verprügelt habe.' Da hat Mohammed Aslar erwidert: ‚Ich kann dich doch nicht verprügeln.' Und da sagte ich: ‚Dazu bin ich doch gekommen. Du verprügelst mich, wie ich dich verprügelt habe, und dann sind wir quitt.' Mohammed Aslar hat geantwortet: ‚Aber ich kann dich doch nicht verprügeln.' Darauf habe ich gesagt: ‚Dann vergib mir.'

Daraufhin er: ‚Ich vergebe dir'. Das war ein wunderbarer Urlaub."

„Etwas ist mit meinem Herzen passiert"

Oder Hikmat. Hikmat kommt aus einem Stammesgebiet, in dem die pakistanische Oberhoheit noch nicht gilt, man lebt nach den eigenen Stammesgesetzen, und diese Gesetze sind das Gesetz der Kugel. Die Ehre eines Mannes wird vor allem danach bemessen, wie er sich in einer Blutrache am feindlichen Stamm rächt –.

Hikmat und sein jüngerer Freund Gul Haider sind einundhalb Jahre zur Ausbildung in Karachi gewesen, und jetzt fahre ich mit ihnen im Jeep zurück in ihr Stammesgebiet. Es gibt eine einzige Straße, der Rest sind Bergpfade, nur zu Fuß begehbar.

Hikmat und Gul Haider sind auf dem Rücksitz des Jeeps in eine erregte Diskussion verfallen – und dann taucht das Gespräch aus dem unbekannten Wellenschlag des Pushtu ins bekannte Urdu auf, und es wird mir die Streitfrage vorgelegt:

„Irgend etwas ist mit meinen Augen geschehen, in Karachi", sagt Hikmat, „ist das möglich, Doktor?"

„... oder mit den Gehirnzentren", sagt Gul Haider, der seine Anatomie gerade fürs Examen gelernt hat, „daß die anders funktionieren?"

„Warum?" will ich wissen.

„Früher", sagt Hikmat, „früher, wenn ich die Straße entlangfuhr, da konnte ich bloß den Felsvorsprung da sehen: phantastisch, man hatte volle Deckung, und wenn der Feind die Straße entlangkam, konnte man ihn bequem abknallen – paff! paff! – und jetzt, jetzt sehe ich, die Frauen, wie sie die Wasser- und Holzlasten schleppen – das müssen sie doch auch vorher getan haben, warum habe ich das nicht gesehen? Irgend etwas ist mit meinen Augen geschehen", sagt Hikmat.

„... oder mit den Gehirnzentren", sagt Gul Haider.

„... oder mit euren Herzen?" frage ich.

Stille. Dann ein tiefer Atemzug. „Das", sagt Hikmat, „genau das!"

Daß so etwas möglich ist! Und sich immer wieder ereignet.

Dienst oder Morden

Gul Haider ist einer, der sehr intensiv lebt. Wenn er etwas sagt, dann mit seiner ganzen Intensität: „Und Dienst, das Wort Dienst, das haben wir ja nicht einmal als Vokabel gehört. Überhaupt nicht davon zu reden, daß man uns die Bedeutung beigebracht hätte."

Dazu gehört diese Vorgeschichte: Ein Stamm hatte gerade die Straße blockiert. Es hatte einen Streit mit der Regierung gegeben, und da nahmen sie Busse auf dieser Straße als Geiseln, 15 bis 20 Autobusse stauten sich. Der ganze Stamm saß auf der einen Seite oberhalb der Straße. Ich sagte zu den Jungens: „Das ist eine phantastische Gelegenheit. Hier sitzt der ganze Stamm, und ihr habt die Möglichkeit, allen zu erzählen, daß ihr jetzt mit der Lepraarbeit anfangt." Da erwiderte der zwanzigjährige Gul Haider, der aus einer Gegend kommt, in der alles ganz nach der Hierarchie des Alters zugeht: „Aber, aber ... Wie sollen wir beginnen?" Dann, gleich darauf: „Wenn Sie nur einmal mit uns hochgehen, dann werden die schon auf uns aufmerksam." Ich ging mit ihnen. Wir kauften Apfelsinen bei einer Gruppe. Man konnte richtig sehen, wie Gul Haider sozusagen absprang: „Und, und, und, wir sind jetzt von Karachi zurückgekommen." Alles drehte sich um und hörte den beiden zu. Das Weitere in Pushtu konnte ich nicht verstehen. Man konnte aber richtig sehen, wie Gul Haider wuchs. Er stieg auf einen dieser Felsenbrocken, um alles ganz deutlich erklären zu können. Bis er dann eine Nadel herauszog und ich wieder mitkam. Einer der Anwesenden hatte nämlich gesagt: „Wir haben gerade Dschirga (Rat der Stammesältesten). Wenn ihr mir jetzt beibringt, wie man diesen Lepratest macht, dann kann ich das allen Ältesten in der Dschirga zeigen." Die beiden Leprahelfer machten es vor, der andere machte es nach. Die Straße war bald wieder frei, und die beiden hatten das großartige Erlebnis, daß die Alten auf sie gehört hatten. Auf diesem Hintergrund ist der Satz zu verstehen: „Man hat uns ja nie gesagt, daß Dienst zu Issat führt." Issat heißt Ehre und ist der zentrale Wertbegriff des Stammes. Gul Haider sagte zu Hikmat: „Uns hat man ja gesagt, Issat wäre nur zu erreichen, wenn man jemanden umlegt. Und wenn wir gesagt hätten, wir haben drei erschossen, dann hätte der andere gesagt, ich aber schon sechs. Und Assra hätte gesagt: Ich aber schon acht. Als wir aber sagten, daß wir Lepraarbeit treiben, da war unser Issat in aller Augen fraglos. Uns hat man früher nie gesagt, daß das Morden weniger Issat bringt als der Dienst."

Und dann kam das Andere: „Und wenn ich einmal in der Dschirga sitze, dann wird auch der Sohn meines Erbfeindes in der Dschirga sitzen. Wir werden ja gemeinsam älter. Dann werde ich auf ihn zugehen und sagen: ‚Wollen wir es nicht vergessen?' Und wetten, er sagt: ‚Ich will.'"

So wirkt sich Lepraarbeit bis auf die Blutrache aus. Ich habe mit den beiden Jungen nie ausdrücklich über diese Probleme gesprochen. Dieses Einbauen ins Wertesystem des anderen – dieses Unterlaufen durch Erkennen, das ist mein Missionskonzept. Ich weiß nicht, wieso wir das so lange nicht gesehen haben. Es steht ja im Neuen Testament. Nichts anderes bedeutet doch das Bild vom Sauerteig.

Konsequenz der Menschwerdung

Eine kürzlich erlebte Begebenheit: Zwischen Rawalpindi und Islamabad, zwei nahe beieinanderliegenden Städten, gibt es eine Schnellstraße, die stark frequentiert ist, weil die Angestellten fast alle in ihren eigenen Wagen in die Regierungsstadt fahren. An der Busstelle zu halten und den Wagen zu füllen, kommt denen nicht in den Sinn. Das würde aber das ganze Verkehrsproblem lösen. Ich war mit meinem Wagen unterwegs und lud ihn mit Wartenden voll. Das Gespräch im Wagen drehte sich darum: Warum sind es immer nur die Christen, warum fällt das keinem unserer muslimischen Brüder ein? Unser muslimischer Fahrer, der wirklich nicht zu Aggressionen neigt, hat darauf – verständlicherweise – ziemlich sauer reagiert.

Wir hatten bis vor kurzem einen sehr guten muslimisch-christlichen Gesprächskreis, in dem das direkt angesprochen wurde. Man sagte uns: „Stellen Sie uns einen Referenten, der uns erklärt, warum Ihre caritativen Einrichtungen funktionieren und unsere nicht." Daraufhin hat einer unserer pakistanischen Priester über die Menschwerdung gesprochen: daß mit der Menschwerdung Gottes auch die Zuwendung zum Nächsten in einem neuen Licht erscheint, daß Gottesliebe und Nächstenliebe zusammengehören. Das war freilich eine Gruppe, die dies als Information annehmen konnte.

Anders leben

Rückkehr nach Deutschland

Ende der 60er Jahre war ich für einige Wochen in Deutschland. Ja, Deutschland –! Es war ja dann doch ganz anders, als ich es erwartet hatte. Ich hatte vor diesem Besuch wirklich solche Angst gehabt, daß ich im Jahr vorher meine Reise noch einmal abgesagt hatte. Ich hatte gefürchtet, es ginge alles in Bitterkeit aus: der Reichtum, der Nahrungsüberschuß, der Luxus und der Materialismus auf der einen Seite und meine Kinder mit ihren dürren Ärmchen und den großen hungrigen Augen auf der anderen. Nein, ich dachte, das könne nicht gutgehen, ich hätte zuviel Elend gesehen, als daß ich noch gerecht sein könnte ...

Dann kam alles ganz anders! Als sich der Bus in Frankfurt in Bewegung setzte und so weich und mühelos über die breite Autostraße rollte, als ich die großen Schulen im Taunus sah und daran dachte, wie meine Kinder in den Elendsvierteln um Karachi geboren werden, aufwachsen und sterben, ohne jemals auch nur eine grüne Wiese gesehen zu haben, als ich durch die Selbstbedienungsläden schlenderte, in denen eine satte Bevölkerung ohne Gier das zum Leben Notwendige aus der Fülle des Angebotenen auswählen konnte –, da drängte es sich auf Schritt und Tritt in mein Herz und meinen Kopf: Wenn meine Kinder doch auch solche Entfaltungsmöglichkeiten hätten, wenn doch auch sie das sehen könnten, wenn in Pakistan die Versuchung zum Stehlen doch einfach dadurch wegfiele, daß sie satt wären ...

Ich begriff zum erstenmal, daß Reichtum ein Gut ist. Bislang hatte ich nur die Schuld gesehen. Ja, Reichtum ist ein Gut, das uns wahrhaft menschliches Leben erst ermöglicht, weil es uns von der Bedrohung befreit.

Nie werde ich die erste Nacht in der Eifel vergessen, in der der Sturm um das Haus heulte und der Regen gegen die Fensterscheiben peitschte. Ich war in jenem unruhigen Schlaf befangen, den ich in Karachi zur Regenzeit schlafe, das Herz schwer in den Gedanken an all jene, die fröstelnd und durchnäßt in ihren regendurchlässigen Hütten hocken. Die Kinder weinend und frierend. Und dann mache ich mich gewaltsam wach, und plötzlich begriff ich, daß unter diesem Regen *keiner* leidet! – Daß ja jeder, *jeder* ein Dach über dem Kopf hat und ein Bett wie ich. Und ich kuschelte mich in unbeschreiblicher Erleichterung zurück in meine Kissen und dachte: „Herrgott, ein Volk, das nicht in der Bedrohung lebt" und war im nächsten Augenblick schon wieder eingeschlafen, tief und traumlos.

Ja, der Reichtum ist ein Gut. Freilich, ob wir die Chance ergreifen, die darin liegt, daß wir uns die Voraussetzungen für ein echtes und volles menschliches Leben geschaffen haben, diese Frage habe ich mir in den vergangenen Jahren oft und nachdenklich gestellt.

Soweit reicht die Pflicht eines jeden

Wie oft bin ich, auch bei meinen späteren Aufenthalten in Deutschland, gefragt worden: „Was können wir hier tun? Wie sind die Probleme in der Dritten Welt zu lösen?" Ich sage: Nicht jeder kann aktiv werden. Aber so weit reichen Pflicht und Verantwortung eines jeden: sich ein klares Urteil zu bilden.

Wir haben keine Weltinnenpolitik betrieben und so keine Weltordnung geschaffen, die globale Zusammenarbeit erlaubt, etwa, um Sonnenenergie aus der Sahara der übrigen Welt zukommen zu lassen, Kernenergie so weit zu entwickeln, daß atomares „Recycling" möglich würde. Wir haben keine Wohlfahrtswelt entwickelt, in der globale Maßnahmen für Randgruppen durchgeführt werden können.

So steht für mich als Christ nur jener zweite Weg offen, den der gegangen ist, der nach dem galiläischen Frühling sein Werk nicht aufgab, sondern bereit war, den Preis für den anderen, den allein gangbaren Weg zu zahlen.

Das hat für mich eine doppelte Konsequenz: einmal Einübung in die kommende Zeit, konstruktive Haltung den kommenden Schwierigkeiten gegenüber – und zum anderen diesen „zweiten Weg", den Weg des Opfers und des Verzichts modellhaft vorwegzunehmen und eben damit „die Lösung" vorzubereiten, zu beschleunigen, zu ermöglichen. Ehe der Tag der großen Gerechtigkeit anbricht und damit er komme, sollten wir alle jene kleinen Gerechtigkeiten verwirklichen, die zu verwirklichen uns möglich sind. Hier liegen für mich die einzigen Kräfte der Gesundung.

Diese Schritte müßten daheim eingeübt werden: in Mitmenschlichkeit und Güte, in Rücksichtnahme, Zufriedenheit und Bescheidung. Sie müßten eingeübt werden in der Verwirklichung kleiner Gerechtigkeiten inmitten und gegen globale Ungerechtigkeit, in Abenteuer und Wagnis, in Zuhören und Zupacken. Dies sind Haltungen, wie sie der Einsatz in der Dritten Welt erfordert und wie sie unsere Jugend ersehnt.

Ich habe oft gedacht, gerade wenn ich in Deutschland war: Zur Ich-Werdung, zur Sinnfindung und Erfüllung braucht der Mensch die Begegnung mit dem Du. So wird vielleicht auch die Sinnfindung einer Epoche nur geschenkt in der Begegnung, in anderen. Ob von daher nicht Nord und Süd ihre Sinnerfüllung erreichen, wenn sie sich als Du begegnen? Wenn Sie hinter all den Strukturproblemen den anderen als *Menschen* sehen? Ob die Sinnfrage, wie sie von unserer Jugend gestellt wird, nicht nur im globalen Engagement für den Bruder in der *ganzen* Welt ihre Antwort findet?

Denn daß unsere Generation nicht nur ihr eigenes Leben, nicht nur ihre staatlichen Entschlüsse, sondern die Welt zu verantworten hat und die Zukunft, das ist eine Aufgabe, vor deren Last und Verheißung wir zwar die Augen schließen können. Aber gelöst wird sie dann nicht.

Ausblicke

Natürlich gibt es keine Patentlösungen für die Probleme der Welt. Schon gar nicht zu denen unserer heutigen Industriegesellschaft, unserer und der weltweiten Not, der materiellen und der nichtmateriellen. Aber an „Ausblicke" glaube ich zutiefst. Sie liegen auf dem „Weg der kleinen Schritte", weil es ein Grundgesetz des Lebens ist, daß die wichtigsten Entscheidungen auf einem Gebiet fallen, in dem Klarheit über lange Strecken nicht durch Planung erreicht werden kann. Gefordert ist die jeweils tapfere Entscheidung des menschlichen Herzens für das Rechte.

Zu den Hauptproblemen unserer Welt: Energiekrise und Rohstoffverknappung, Bevölkerungsexplosion und steigendes Gefälle zwischen Nord und Süd, zwischen Stadt und Land auf der südlichen Hälfte der Erdkugel, gibt es sowenig billige Rezepte wie für den Sinnverlust in unserer Gesellschaft. Wann ist je ein Gut verwirklicht worden, ohne daß der Preis dafür zu zahlen war?

Und so ist wohl auch heute die Aufgabe derer, die „sehen" können, den Mut zum Wagnis, zum Opfer, zum Einsatz wieder einzuüben und zu wecken, um den langen, schmerzlichen Weg zu gehen, auf dem allein wir einer gerechteren Welt näherkommen können: anders leben, damit andere überleben. Und gerade das ist es, was unsere Kinder am meisten benötigen und am wenigsten einüben. Freude am Wagnis, die Tapferkeit, die Verwundung auf sich nimmt um des größeren Gutes willen; der getroste Wille, heute ein Bäumchen zu pflanzen, auch wenn morgen die Welt untergeht.

Meine Sicht der Welt? Ich glaube, daß der Herrgott unsere Erde so geschaffen hat, daß wir unsere Probleme lösen können, ohne zu ethisch fragwürdigen Mitteln zu greifen. Dazu zähle ich die zwangsweise Sterilisierung zur Geburtenkontrolle oder totalitäre Staatsformen. Ich glaube aber auch, daß wir die Zeit, in der die Problemlösung noch „auf friedlichem Weg" und ohne letzte Opfer zu haben war, nicht durch technisches, sondern durch moralisches Versagen verspielt haben.

Trotzdem müssen wir helfen, trotzdem müssen wir hier und heute die Arbeit tun in der Dritten Welt.

Auf Hilfe angewiesen

Wir können in Pakistan und anderswo unsere Arbeit nicht ohne Hilfe leisten. Wir sind auf die Unterstützung der kirchlichen Hilfswerke dringend angewiesen.

Entwicklungsprojekte sind nur ein Tropfen auf den heißen Stein. Aber was die Wirksamkeit angeht, so halte ich die von den kirchlichen Hilfswerken geförderten immer noch für die erfolgreichsten. Natürlich können auch Dinge schiefgehen. Aber prozentual doch wesentlich seltener. Die Zusammenarbeit mit dem Deutschen Aussätzigenhilfswerk ist für uns entscheidend. Ohne seine Hilfe könnten wir unsere Arbeit nicht tun. Auch die Kooperation mit Misereor ist wichtig für uns. Auch diese Zusammenarbeit ist partnerschaftlich. Das heißt: wir können aufgrund der Kenntnis der Situation vor Ort mitreden. Und sie ist langfristig. Wenn sich ein Geldgeber nach einer Investition wieder zurückzieht, dann geht das zumindest da nicht, wo keine Einkünfte gemacht werden. Sicher könnten wir auch auf die Regierung im Land zugehen, die in den Provinzen bereits die Grundkosten trägt. Aber beim Karachi-Projekt, zu dem das Ausbildungsinstitut für die Lepratechniker gehört, möchten wir uns nicht vom Staat abhängig machen. Regierungen in Entwicklungsländern sind kurzlebig. Ich habe in Pakistan sieben erlebt, seit ich da bin. Und uns liegt daran, die Prioritäten und die Atmosphäre unserer Arbeit selber zu bestimmen, auch in Zukunft.

Nach den Sternen greifen

Was mich in Deutschland beunruhigt? Vor allem die grassierende lähmende Angst. Die Angst vor der Zukunft, die Unfähigkeit, sich der Gegenwart zu freuen. Die Unfähigkeit zum

Wagnis, zur Freude am Wagnis. Die Last einer fast kollektiven Verantwortung für alles. Man greift aber nicht mehr nach den Sternen, wenn man so tief gebeugt ist. Und man nimmt dann auch nicht mehr wahr, was man wirklich konkret tun könnte.

Bei einem Empfang in Wiesbaden wurde ich von einem Lehrer nach den Schwierigkeiten gefragt, vor denen ich in Pakistan stehe. Ich sprach vom rapiden Anwachsen der Großstadt Karachi. Dort verdoppelt sich die Einwohnerzahl alle zehn Jahre. Da fragte der junge Mann: „Welches Konzept haben Sie denn, um die Landflucht zu verhindern?" Ich antwortete: „Um Himmels willen! Ich bin doch nicht verantwortlich für das Anwachsen der Großstädte in der Dritten Welt. Ich bin verantwortlich dafür, daß sich in Karachi die Leprabekämpfungsmaßnahmen alle zehn Jahre verdoppeln."

Ein Deutscher hat ein schlechtes Gewissen, weil in Brasilien der Urwald stirbt. Die Lehre, die er persönlich daraus zu ziehen hat, ist doch, daß er sich um das ökologische Wiesenstück vor seiner Haustüre kümmert.

Oder dieses lähmende Gefühl der Ohnmacht: Der Krieg kann jeden Tag ausbrechen ... Doch, „brechen" Kriege denn „aus"? Erdbeben, Unwetter brechen aus. Kriege werden gemacht und sollten deshalb verhütet werden. Jedem Christen wünsche ich, daß wir ernst machen mit dem Glauben an die Offenbarung. Es ist uns nicht versprochen worden, daß am Ende der Welt die vollkommene innerweltliche Harmonie stehen wird. Es ist uns gesagt, daß die Welt in der Katastrophe endet. Daß aber selbst die Katastrophe nicht das letzte Wort ist. Das letzte Wort wird die Liebe sein. Trotz allem und in allem sind wir der Welt dieses Zeugnis der Hoffnung schuldig. Und es ist kein naiver Optimismus, wenn wir so leben, wie die Menschheit immer schon im Angesicht aller Bedrohung hat leben müssen. Wie könnte das „Apfelbäumchen-Pflanzen" aussehen? Eben, daß wir in unserer kleinen Welt um uns den kleinen Frieden schaffen, der in unserer Hand liegt und die Vorbedingung für den großen Frieden ist.

„Die Menschen", so läßt Saint-Exupéry seinen Kleinen Prinzen sagen, „die Menschen züchten 10000 Rosen in ihrem Garten – und finden doch nicht, was sie suchen. Dabei kann man alles in einer Rose und in einem Schluck Wasser finden." Wir kümmern uns um 10000 Rosen und vergessen die eine. Wir lieben die Menschheit – und vergessen den Nächsten.

Nur unsere Hände

Liebe ist nicht abstrakt. Wer nur die Menschheit liebt, kann den Nächsten nicht sehen. Wer aber nicht spürt, daß Brüderlichkeit eine neue Reichweite hat, daß unsere Welt zusammengewachsen ist, der weiß auch nichts von Nächstenliebe. Sie ist, wie jede Liebe, nichts eingegrenztes. Sie ist ein Vollzug, in dem wir ganz gefordert sind. Sie ist Öffnung, sie erfaßt auch die gesellschaftliche Dimension, fordert die politische Verantwortung, das Denken in Strukturen. In die Verantwortung solcher Brüderlichkeit sind wir genommen, weil Gott, wie jemand gesagt hat, keine anderen Hände hat, um die Verwundeten zu pflegen, als unsere. Keine anderen Füße, um zu den Hilflosen und Kranken zu gehen. Keine andere Stimme, um zu trösten.

Von keinem wird völlig unmögliches verlangt. Ich wehre mich auch gegen den Vorwurf: Spender würden sich von ihrem schlechten Gewissen loskaufen. Nicht jeder kann personelle Hilfe leisten, ein finanzieller Beitrag steht jedem offen. Und die Erfahrung zeigt, daß die Hilfe für den Fernsten den Blick nicht ablenken muß vom Einsatz für den Nächsten. Wer für Entwicklungsprobleme sensibilisiert ist, verschließt in der Regel auch nicht die Augen vor dem Nachbarn.

Aus der Liebe wachsen Fantasie, Mut, Tapferkeit und die Verantwortung für andere. Denn man kann Liebe nicht allein leben. Das große, tiefe Leben erfährt man nur, wenn man sich „einläßt". Indem man den anderen an sich herankommen läßt, auch in seiner Not. Wenn wir uns verwunden lassen vom anderen, dann kommt das uns selber zugute, hier oder in Karachi. Dann werden wir nicht ärmer. Wir werden innerlich freier und glücklicher. Und wir leben auch näher am Traum von der großen Gerechtigkeit.

Eine Sprache, die alle verstehen

Nachwort von Rudolf Walter

Albert Camus hat 1947 seinen großen Roman vom Menschen geschrieben, der, in einer absurden Welt auf sich zurückgeworfen, dennoch durchhalten muß: „Die Pest". Eine der Figuren ist Tarrou, ein individualistischer Beobachter, der zum tätigen Helfer wird, der versucht, in seinen „Worten und Taten klar zu sein, um auf den rechten Weg zu kommen". Der die Menschen einteilt in Geißeln und Opfer und der auf der Suche ist nach einer dritten Gruppe, jener „der wahren Ärzte": „Aber tatsächlich begegnet man nur wenigen, und es muß schwer sein. Deshalb habe ich mich entschlossen, mich jederzeit auf die Seite der Opfer zu stellen, um den Schaden zu verringern. Inmitten der Opfer kann ich wenigstens suchen, wie man zur dritten Gruppe gelangt, das heißt, zum Frieden." Gefragt, ob er eine Vorstellung davon habe, welchen Weg man einschlagen müsse, um zum Frieden zu kommen, sagt er: „Ja. Das Mitgefühl." Und dann heißt es weiter in diesem Roman von Camus: „Eigentlich", sagte Tarrou schlicht, „möchte ich gerne wissen, wie man ein Heiliger wird."

Dieses irritierende Wort kann einem einfallen, wenn die Lepraärztin Ruth Pfau folgende Geschichte erzählt: Eine deutsche Helferin habe ihr beim Abschied einen Zettel zugeschoben. Darauf stand: „Eines habe ich in Karachi begriffen. Mit weniger als Heiligwerden will ich mich in meinem Leben nicht zufriedengeben!"

Ruth Pfau hat selber immer wieder den scheinbar naiven Mut, die alten, frommen Vokabeln neu zu benutzen: „Wie anders sollten sie wieder mit Leben erfüllt werden?" Warum also nicht das Wort „heiligwerden"? Wenn man nur klar macht, daß Heilige nicht verklärte Entlastungsfiguren sind, über alles erhaben, im Jenseits des Alltags, hoch oben auf einer Bühne agierend, vor der man sich zurücklehnen kann im Sessel der eigenen Passivität. Nicht im traditionellen Sinn ist das Wort gemeint, sondern in einem ganz gewöhnlichen, wie er freilich auch in theologischen Lexika steht: als Leben unter der „real umschaffenden Wirklichkeit Gottes". So hat Karl Rahner diesen Begriff mitten in den Alltag des Christen gerückt: Umkehren, anders leben, nicht entrückt, sondern ver-rückt, weggerückt aus den Bereichen des Oberflächlichen und Banalen. Nicht jeder kann so leben. Es tut schon gut, zu erfahren, daß es einige gibt, die es können.

Aber der Stachel im Fleisch bleibt: „Jeder hätte das getan an meiner Stelle", sagt Ruth Pfau. Mitleid ist nicht einmal das verständlichste und leichteste: Das Leid wirklich an sich heranlassen, sich „verwunden" lassen.

Bloßes Mitleid ist freilich für die Kranken zuwenig. Ruth Pfau hat sich entschieden zu helfen. Sie hat über 25 Jahre vorgelebt, daß die Radikalität einer solchen Entscheidung lebendig erhalten bleiben kann. Daß es möglich ist, einem verrückten Abenteuer durch so lange Zeit die Farbe zu erhalten.

Vielleicht läßt das ferne Karachi diesen Traum vom Christsein, diesen Traum von der Kirche eher zu: die Verblüffung, daß so etwas möglich ist, was in keine Schablone paßt: „Spießerei und Bourgeoisie stehen in meiner Wertskala an der Spitze der Liste der schweren Sünden", das schrieb Ruth Pfau 1965 nach Hause. Hier gehen Dinge zusammen, die man viel zu selten verbunden sieht: die große irrationale, intensive und ernste Sehnsucht und das Bedürfnis nach Einsicht und Verstand; leidenschaftliche Kompromißlosigkeit ebenso wie Barmherzigkeit und Humor; entschiedenes Selbstbewußtsein ohne eitle Allüren; die „Verrücktheit der Nächstenliebe", aber auch strategisches Denken und Organisation; Konfliktbereitschaft, die nichts harmonisiert oder unter den Tisch kehrt; der Widerwille gegen ängstliches Sicherheitsdenken, das nur den eigenen Besitzstand im Sinn hat; eine Preisgabe, die sich selber nichts vergibt, die das Heil bei den Armen sucht, sich an Gott und die Menschen verliert. Eine Nonne und dabei doch die freieste Frau: „Freiheit, der zentrale Wert des Lebens, weil Liebe anders gar nicht möglich ist." Ein Glaube, der getränkt ist von allen Erfahrungen des Lebens; oft geplagt von Ängsten, unverständlichen Dunkelheiten, von Traurigkeit, aber nie von einem Irresein der Liebe.

Ihr Lieblingsheiliger ist Thomas von Aquin. Nicht nur, weil er so rational und menschlich ist, sondern auch, weil er am Ende seines Lebens alle Weisheit anzweifelte. Die Fähigkeit, auch das Christsein ad experimentum zu leben, baut auf der Sicherheit, daß diese Geschichte, auf die sie sich eingelassen hat, getragen hat bis heute.

Vorschnelle Bewunderung ihrer Person ist Ruth Pfau unangenehm. „Wenn man so etwas schon macht, dann soll es wenigstens Spaß machen", sagte sie einem Reporter, der ihr zu schnell in Verehrung ausbrach, und: „Von der Tugend allein kann man nicht leben". Illustriert wird das auch dadurch, daß sie die Wüstenväter bewundert, jene Asketen, von denen sie sich ausmalt, wie sie nach einer kalten Nacht vor ihre Zelle treten und die ersten Sonnenstrahlen genießen. Die hält sie für die wahren Lebenskünstler. Der Mensch sollte glücklich sein. Aber Glück ist ein Schwellenerlebnis. Es wird nicht geringer, wenn man die Anspruchsschwelle heruntersetzt, im Gegenteil. Trotzdem idealisiert sie nichts. Sie wird zornig, wenn europäische Touristen beim Anblick der Gebirgskinder in Pakistan ins Schwärmen geraten über das glückliche Lächeln dieser Armen – und die brutale Not dabei übersehen.

Ruth Pfau kann Probleme strukturell analysieren. Entscheidend für sie ist aber persönliche Verantwortung. Eine Verantwortung, die nicht begründet oder diskutiert werden muß, die keine abstrakte Verpflichtung ist, die sich vielmehr hier und jetzt aufdrängt, weil sie den einzelnen Menschen im Blick hat. Jeder Kranke, auch in den entlegensten Bergdörfern Pakistans, hat für sie seinen Namen, seine eigene Geschichte, sein unverwechselbares Schicksal, sein Gesicht. Zu verstehen ist dies auch auf dem Hintergrund eines deutschen Lebens. Ruth Pfau leidet noch heute darunter, daß es in der Diktatur möglich war, Menschen zu „kategorisieren", sie als Gruppe auszusondern und von der menschlichen Verantwortung auszuschließen.

Voll innerer Erregung erzählt sie die Geschichte aus dem 2. Weltkrieg: Ein Soldat war von seinem Vorgesetzten dazu gezwungen, einen als Geisel genommenen Zivilisten zu töten. Im Fall einer Weigerung, so wurde ihm gesagt, würden statt des einen zehn andere erschossen werden. Natürlich hätte er auf keinen Fall schießen dürfen. Er war für diesen einen persönlich verantwortlich, was auch immer geschah. Dieses Leben mußte er retten. In der jüdischen Ethik hat dies seine Analogie. Wer ein Menschenleben rettet, der handelt so, als rette er die ganze Welt. Dies ist die christliche Ethik von Ruth Pfau: Keiner muß selbst die ganze Welt erlösen. Aber wer in seinem Bereich recht handelt, der ist auf dem richtigen Weg. Der macht den Weg auch leichter begehbar für andere. Er handelt so, daß es Konsequenzen hat für alle.

Dieser kategorische Imperativ der Verantwortung ist kein gewaltiger Heroismus. Die wenigen „heroischen" Entschlüsse, die einem das Leben abverlangt, so sagt Ruth Pfau, sind eingebettet und vorbestimmt durch unser kleines Alltagsversagen und unsere Alltagsbewältigung. Sie sind schon vorüber, ehe wir recht sehen, daß wir die Chance ergriffen oder verspielt haben. Nicht um unnachvollziehbares Heldentum, um „den großen Entschluß", die „große Entscheidung" geht es also. Das Heilige vollzieht sich im Kleinen. Der mystische Augenblick ist in den Alltag verlagert.

Das Kantische habe sie abgelegt, sagt Ruth Pfau. Aber das Pflichtbewußtsein ist doch ein Kern ihrer Energie, neben der Freude an der Arbeit. Bei unserer ersten Begegnung, beim Deutschen Aussätzigen-Hilfswerk in Würzburg, hatte sie eben eine sechswöchige Tour hinter sich: zu Pfarreien, Spendergruppen, Institutionen und Organisationen. Über 260 Termine insgesamt in diesen 6 Wochen. Blaß, übermüdet und ausgebrannt, verlangte sie nur zwei Stühle, um vor dem nächsten Termin kurz auszuruhen. Das war kein entspannter „Heimaturlaub". Sie nahm die Strapazen auf sich, um die Zeit hier zu nutzen für ihre Kranken, um die Brücke zu befestigen, die die Hilfe von Deutschland nach Pakistan trägt.

Denn man kann in der Tat auch hier etwas tun für „ihre Kranken", einsichtig belegbar mit Mark und Pfennig: 30 DM kostet die wirksame Kombinationstherapie, die den Leprapatienten eine lebenslange Behandlung erspart. 30 DM sind notwendig, um ein Kind in einem Entwicklungsland in einem Monat mit Aufbaupräparaten zu versorgen. 100 DM beträgt das Gehalt eines einheimischen Leprahelfers. 150 DM müssen aufgewendet werden, um eine Lepraambulanz mit Verbandsmaterial auszurüsten. 1500 DM ist der Preis für ein Mikroskop, mit dem Hautabstriche Lepraverdächtiger untersucht werden, und für 3000 DM bekommt man ein Motorrad für einen Leprahelfer, das er zum Aufspüren von Patienten in den Dörfern seines Betreuungsgebietes braucht.

Es gibt eine „Arbeitsgemeinschaft der Karachi-Kreise" im Deutschen Aussätzigen Hilfswerk, die Frau Dr. Pfau unterstützen, und es gibt zahllose andere, die helfen.

Auch solche Geschichten gehören wesentlich zu diesem Buch: Da bringt eine junge Medizinal-Praktikantin, die in den 50er Jahren in einer Klinik im Sauerland arbeitet, unvermutet einer Kranken, die mit Gehirnerschütterung daliegt und nicht aufstehen kann, ihren eigenen Radioapparat ins Zimmer: „Sie dürfen nicht lesen. Aber Unterhaltung braucht der Mensch." Sagt es, stellt ihn hin und verschwindet, ehe die Patientin nur ein Wort des Dankes sagen kann. Als diese Frau sich später wieder einmal nach „ihrer" Ärztin erkundigt und erfährt, daß die inzwischen in Pakistan arbeitet, bedankt sie sich auf ihre Weise: sammelt Medikamente, organisiert Milch und Eipulver, managt Haussammlungen, motiviert Frauen, Schüler und Rentner zum Wunder der Brotvermehrung. Und bringt auf diese Weise über Jahre hinweg einen Gesamtwert von nahezu zwei Millionen in Geld- und Sachspenden auf.

Nur ein Beispiel dafür, was eine Geste auszulösen vermag.

Oder der Facharbeiter aus einem Frankfurter Vorort, der jahrelang von seinem Monatslohn, von 1250 DM, monatlich 1000 DM für Karachi überwies. Vom Rest lebte er. Wie? „So gesund wie kein anderer", sagt er, „nicht das Lebensnotwendige ist teuer, sondern der Luxus".

Dann der Besitzer eines Eisenwerks: Er hat nicht nur in seinem Unternehmen Gewinnbeteiligung für die Arbeiter eingeführt, er hat auch dem Marie Adelaide Leprosy Center eine große Summe zum Bau einer Außenstation zur Verfügung gestellt.

Oder der Ordenspriester, der in einer Gemeinschaft lebt, die die Liturgie in besonderer Weise pflegt und der sich nicht abfinden konnte mit der Tatsache, daß Menschen verhungern. Der, gepackt von dem Jesuswort in Matthäus 25,35: „Ich bin hungrig. *Ich* bin arm. *Ich* bin krank", zusammen mit anderen, unwahrscheinlich tatkräftig hilft. Der sich in seiner inneren Not und seinem „geistlichen Hunger" von Ruth Pfau besser verstanden fühlte als von anderen. Der Spenderkreise organisiert und selber auf dem Nürburgring mit der Sammelbüchse unterwegs ist. – Die Beispiele ließen sich fortsetzen.

In Camus' eingangs zitiertem Roman lautet eine Schlüsselstelle: „Was heißt das schon, die Pest? Es ist das Leben, sonst nichts." Ruth Pfau sieht Lepra nicht anders. Was heißt schon Lepra? Es ist – ein sehr reales – Symbol für die Opfer, für die Leidenden, die Armen, die Ausgestoßenen.

„Kann man ohne Gott ein Heiliger sein, das ist das einzig wirkliche Problem, das ich heute kenne." Dies ist die Position von Camus' Helden. Für Ruth Pfau bliebe eine solche Perspektive im Absurden. „Rein humanitär trägt das nicht durch", sagt sie in diesem Buch. Und sie ist der Überzeugung: „Wir können das Leiden, das Böse nicht abschaffen. Aber wir können es verringern. Wir können Schicksale zum Guten wenden." Dies ist in der Praxis eine Sprache, die auch die anderen verstehen. Nicht nur die Muslime, sondern auch die Atheisten. Man kann, steht in der Bibel (Amos 3,3), miteinander gehen, ohne zuvor miteinander übereingekommen zu sein. Auf dem „rechten Weg", auf dem Weg zum Frieden, wie ihn auch der Held Camus' beschrieben hat.

Daß man Frieden nicht machen, daß man ihn aber tun kann, das zeigt dieser Bericht. Er zeigt auch, was einzelne vermögen.

Biographische Daten

1929 (9. 9.)	geboren in Leipzig
1947	Abitur
1948	Flucht nach Westdeutschland
1950	Beginn des Medizinstudiums in Mainz. Später Marburg
1951	evangelisch getauft
1953	Konversion zum Katholizismus
1956	medizinisches Staatsexamen
1956	Medizinalpraktikum in Winterberg im Sauerland
1957 (27. 1.)	Eintritt in den Orden der Töchter vom Herzen Mariä
1957	Noviziat in Paris
1958	internistische Fachausbildung in Köln, Hildegardis-Krankenhaus
1959	gynäkologische und geburtshilfliche Weiterbildung am Elisabeth-Krankenhaus in Bonn
1960	Ausreise nach Karachi
1960	Leprosenlehrgang in Südindien, Vellour
1962	Umzug ins MAC-Krankenhaus im Zentrum von Karachi
1965	Beginn der offiziellen Lehrgänge für Leprahelfer
1969 (Mai)	Bundesverdienstkreuz
(August)	Pakistanischer Orden: Sitara-i-Quaid-Azam
1978	Großes Bundesverdienstkreuz. Am gleichen Tag: höchster ziviler pakistanischer Orden: Halbmond
1980	Ernennung zum nationalen Berater für das Lepra- und TB-Kontrollprogramm für ganz Pakistan durch die pakistanische Regierung
1985 (11. 5.)	25jähriges Arbeitsjubiläum von Dr. Ruth Pfau. Großes Bundesverdienstkreuz am Band

Von Rudolf Walter herausgegebene Sammelbände

Lob der sieben Tröstungen
3. Auflage, 144 Seiten, gebunden. ISBN 3-451-19593-3

Von der Kraft der sieben Einsamkeiten
2. Auflage, 144 Seiten, gebunden. ISBN 3-451-19860-6

Sich auf Gott verlassen
Erfahrung mit Gebeten
3. Auflage, 128 Seiten, Paperback. ISBN 3-451-20974-8

Handwörterbuch religiöser Gegenwartsfragen
(hg. mit U. Ruh, D. Seeber)
520 Seiten, gebunden. ISBN 3-451-20628-5

Lebenskraft Angst
Wandlung und Befreiung
128 Seiten, Paperback. ISBN 3-451-21058-4

Anstiftung zur Zivilcourage
(hg. mit Karin Schunk)
128 Seiten, Paperback. Herderbücherei 1050

Das Glück liegt auf der Hand
ABC der Lebensfreuden
3. Auflage, 352 Seiten, Leinen. ISBN 3-451-20170-4

Die hundert Namen Gottes
Tore zum letzten Geheimnis
160 Seiten, Paperback. Herderbücherei 1229

Das Judentum existiert – ich bin ihm begegnet
Erfahrungen von Christen
168 Seiten, Paperback. ISBN 3-451-20455-X

Verlag Herder Freiburg · Basel · Wien

Engagierte Bücher – nicht nur für Frauen

Karin Walter (Hg.)
Frauen entdecken die Bibel
Frauen erzählen von ihren persönlichen Erfahrungen mit der Bibel
3. Auflage, 200 Seiten, Paperback. ISBN 3-451-20789-3

Karl Mittlinger
Du bist eine von uns
Neue Mariengedichte. Nachwort von M. u. W. Dirks
64 Seiten, gebunden. ISBN 3-451-20929-2

Marina Schnurre, Renate Kreibich-Fischer
Ich will fliegen, leben, tanzen
Zwei Frauen arbeiten mit Krebskranken
2. Auflage, 168 Seiten, Paperback. ISBN 3-451-20932-2

Ernst Gutting
Offensive gegen den Patriarchalismus
Für eine menschlichere Welt
2. Auflage, 176 Seiten, Paperback. ISBN 3-451-20931-4

Martha Krause-Lang
Nie mehr so schön wie Sulamith
Lust und Last des Älterwerdens
168 Seiten, Paperback. ISBN 3-451-21126-2

Anneliese Lissner
Du läßt Dich finden in uns selbst
Mit neuen Worten beten
140 Seiten, zweifarbig, gebunden. ISBN 3-451-21018-5

Karin Walter (Hg.)
Zwischen Ohnmacht und Befreiung
Biblische Frauengestalten
ca. 168 Seiten, Paperback, ISBN 3-451-21031-2

Herder Freiburg · Basel · Wien